Enigmas
del Antiguo Egipto

Enigmas
del Antiguo Egipto

Un viaje apasionante por la historia del misterioso
mundo de los faraones

Juan Jesús Vallejo

nowtilus
pocket

A mis padres, cuyo aura contemplo todas las noches
al mirar las estrellas.
A mi hermano Manolo, recuerda que lo imposible
además de real puede convertirse en cotidiano.

JUAN JESÚS VALLEJO

"Otra vez nos emociona el misterio
de la tumba, el respeto y la veneración de lo que
ha pasado hace muchísimo tiempo y que,
sin embargo, conserva su poderío"

HOWARD CARTER

Título de la obra: Enigmas del Antiguo Egipto
Autor: Juan Jesús H. Vallejo

Editado para Puzzle Editorial de Libros S.L. por
Ediciones Nowtilus S.L.
www.nowtiluspuzzle.com

Copyright de la presente edición:
© 2006 Ediciones Nowtilus S.L
Doña Juana I de Castilla 44, 3º C, 28027 - Madrid
© Juan Jesús H. Vallejo

Primera edición: Enero 2006

Diseño de la colección: Damiá Mathews
Diseño e imagen de cubierta: Opalworks
Realización de interiores: Juan José Cañas

Printed in Spain

Impreso por Litografía Roses
Energía 11-27
08850 Gavá (Barcelona)

ISBN: 84-96525-92-9
EAN: 978-84-96525-92-4
Depósito legal: B-50171-2005

Índice

Introducción

*E*l mar de dunas inundaba mis ojos y los tonos ocres del cielo parecían chorrear desde las alturas impregnando aquel maravilloso atardecer. Caminando por aquella incómoda tierra, hecha de arena fina que se metía hasta en lo más hondo de mi ser, experimenté una sensación como jamás había tenido. Me sentí como Lawrence de Arabia o casi mejor como Almasy, el desconocido explorador que se inmortalizó gracias a la película *El paciente inglés*. Cientos de aventuras me venían a la imaginación contemplando aquella tierra yerma. Y es que, paradójicamente, me sentía vivo en un paisaje muerto. Desde aquel día me enamoré del desierto y de su particular hechizo, además de prometerme a mí mismo que volvería. Volvería una y otra vez para llenarme de aquel lugar bello y maldito.

Aquel primer viaje me reservaba muchas más sorpresas. Si resulta incomprensible experimentar la vida en su máxima intensidad mirando uno de los paisajes más áridos del mundo, más alucinante aún es entender la insignificancia de uno mismo delante de la Gran Pirámide, del obelisco inacabado de Assuan, de la Esfinge de Gizeh, de los colosos de Memnon...

Siempre me venía a la mente la misma pregunta ¿Qué nos quisieron contar aquellos hombres al dejarnos tan fabuloso legado? Miraba absorto los jeroglíficos y sentía sana envidia de Champollion, el primer occidental que accedió a su fascinante secreto. Remontaba el río sagrado al encuentro de templos y tumbas milenarias y no cesaba de preguntarme cómo pudieron aquellas gentes construir monumentos semejantes con la única ayuda de sus manos desnudas.

En el fondo me sentía atraído, como tantos otros antes que yo, por el imán de un misterio inabarcable. Finalmente, comprendí que no podía ser un mero espectador de aquella obra. Para descifrarla o entenderla era necesario inmiscuirse en su historia. En un lejano y maravilloso pasado repleto de enigmas, un tiempo lejano donde se formó la primera gran cultura de la Humanidad. Por desgracia, sólo podía viajar hasta allí con la mente, con el poder de la imaginación, pero esto tampoco debía suponer una traba. Si aquellos hombres semidesnudos que salieron del desierto fueron capaces de tales proezas, tuvieron que dejar las huellas para que pudiéramos comprender su pasado.

Pero he de serles sincero y decirles que, tras años de estudio, todavía no he logrado descifrar los entresijos de aquella maravillosa época. Sin embargo, el viaje ha sido alucinante. Pues el conocimiento abre las alas de la imaginación y mi espíritu obtuvo su premio: rozar con la punta de los dedos aquella asombrosa realidad. Además, comprendí otra cosa: lo más fascinante de aquel país es que su pasado y sus obras son inexplicables. Por eso mantienen un misterioso encanto que tiene todavía el poder de hipnotizar al viajero, guardando tras sus polvorientas paredes historias increíbles que nos transportan hasta lo más profundo de lo desconocido. ¿Se podía pedir algo más? ¿Puede existir mayor gozo que el de sentirse partícipe de un mundo mágico?

Entren pues a través de esta obra en esa otra realidad que se remonta al principio de los tiempos y, sin embargo, está más cerca de lo que pensamos. Háganlo, para que puedan descubrir por si mismos que si lo imposible existe, está en Egipto.

Juan Jesús Vallejo

Jeroglíficos. Durante muchos años se pensó que se trataba de ideogramas, cuando en realidad eran letras.

Capítulo 1

Una ciencia para locos, bohemios y herejes

*P*arece que lo increíble y sorprendente atrae hacia sí a gentes del mismo talante, como si lo misterioso tuviera un magnetismo invisible que atrapa a todos aquellos que viven de una forma diferente. Este es el caso de Egipto, un país plagado de lugares imposibles, capaces de estimular la imaginación del más racionalista de los científicos.

Desde muy antiguo, las leyendas provenientes de las ardientes arenas del Sahara recorrieron Europa alentando en la imaginación colectiva la visión de un lugar sacado de un cuento de hadas. No sabemos si fue visión o simplemente eso que unos llaman casualidad y otros destino lo que empujó a militares, bohemios, borrachos, niños prodigio y todo tipo de personajes curiosos a embarcarse hasta aquellas tierras a la búsqueda de las maravillas de las que

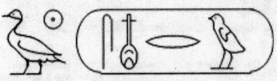

Sello de Esnofru.

habían oído hablar. Pero si sólo un niño cree en cuentos de hadas, sólo alguien que de adulto mantenga la misma curiosidad que un infante será capaz de llevar a cabo un peligroso viaje buscando el conocimiento de una cultura olvidada. Quizás por esto el nacimiento de la egiptología está plagado de este tipo de personajes. Todos ellos con una personalidad radicalmente distinta, pero todos, también, marcados por una genialidad que los ha llevado a ocupar un lugar de honor en las páginas de la historia.

El incansable bohemio

Los sacerdotes hacían ofrendas en las puertas de los suntuosos templos, mientras los escribas tomaban nota de la cuantía de las cosechas. El paseo era sobrecogedor, y en él se mezclaban los finos aromas de Oriente con el

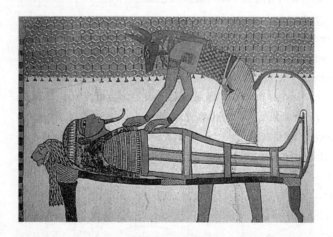

Los dibujos y grabados fueron durante varios siglos
el único medio del que dispusieron los arqueólogos para indagar
sobre la génesis de la cultura egipcia.

La belleza incomparable de muchos de los enclaves existentes
en el país del Nilo provocó que en Europa surgieran mil leyendas
en torno a esta fascinante y milenaria cultura.

ácido olor del natrón. La actividad era, en resumen,
frenética, y aquel despistado extranjero observaba
boquiabierto todo cuanto le rodeaba. Nada de lo que le
habían contado le parecía allí exagerado. El país de las
maravillas y del conocimiento era real, y él estaba
dispuesto a ser el primero que contase con detalle cómo
eran aquellas tierras. Aunque no tenía mucho tiempo,
pues su alma inquieta lo empujaba a devorar más culturas,
más kilómetros, más gentes, más enigmas.

El primer viajero que llegó hasta el país del Nilo
dando cuenta en sus crónicas de todas sus maravillas fue
el erudito griego Herodoto. Nacido en Halicarnaso en el
siglo V a.C., dedicó buena parte de su vida a recorrer
todos los lugares conocidos del mundo antiguo. Es gracias
a su obra por lo que podemos saber de primera mano

Petrie dedicó
su vida
por completo
a la egiptología,
siendo el primero
en catalogar y describir
gran cantidad
de obras y restos.

cómo eran gran parte de las culturas del Mediterráneo en un tiempo tan remoto. De sus escritos tan sólo se ha salvado su enciclopedia *Historias*, dividida en nueve volúmenes, un trabajo del que han mamado grandes historiadores hasta nuestros días por ser el único testimonio escrito de aquella época. No hay que quitar ningún mérito a Herodoto, cuya ansia de conocimiento y saber le llevó a realizar interminables viajes por lugares ignotos, y es gracias a su testimonio que esta parte de la Historia se ha salvado. La vida del escritor griego es un ejemplo a seguir por todos aquellos que sólo aspiran a encontrar la aventura en el sentido más radical de la palabra. Este personaje fue, en definitiva, uno de los primeros bohemios que buscó en sus viajes lo sorprendente de todo cuanto lo rodeaba. Así reflejó en sus textos anécdotas, costumbres insólitas e incluso encuentros con seres fabulosos, dando testimonio, por ejemplo, de que en desiertos norteafricanos había hombres sin cabeza que podían ver gracias a un gran ojo que tenían en su pecho. Sin embargo como queda claro por algunas de sus crónicas la vida y percepción de Herodoto nunca se caracterizaron por su rigor científico.

Para entender los textos del aventurero heleno es necesario viajar también hasta aquella época y hasta la mente de un hombre que se enfrentaba a un mundo incomprensible todavía para él, que tuvo que superar muchas dificultades en sus expediciones y enfrentarse a cientos de problemas como, por ejemplo, el de los idiomas. Hasta hace muy poco, todos los arqueólogos defendían que en la fórmula básica para fabricar natrón, la pasta grasienta en la que se sumergían los cadáveres para, posteriormente, momificarlos, era básico el uso de betún, tal y como recogían los textos de Herodoto. Pues bien, los últimos estudios realizados en la Universidad de Bristol, por los químicos Richard Evershed y Stephen Buckley

Era común entre los exploradores que adoptaran las ropas y forma de vida de los egipcios. En esta imagen vemos retratado a Giovanni Battista Belzoni como uno más.

El entonces general Napoleón, más tarde emperador, dejó tras su conquista una tropa de eruditos que sentaron las bases de la Egiptología.

han demostrado que en tal pasta había de todo menos betún. Sin que esto, repito, suponga un menosprecio a la obra de un hombre que se jugó la vida en varias ocasiones recorriendo el mundo. Lo que sí nos indica claramente es que Herodoto fue un soñador con ansia de aventura más que un riguroso científico, tal y como hasta ahora nos han querido mostrar muchos historiadores.

Sirvan, pues, estas líneas como pequeño homenaje al sabio de Halicarnaso, que sin ser hombre de ciencia se merece un puesto de honor en el nacimiento de la egiptología. Pues, a pesar de sus errores, fue el primero en llegar a una tierra lejana intentando comprender, con los escasos medios de los que disponía, una cultura tan magnífica y compleja que todavía hoy deja sin habla a muchos que, usando la más moderna tecnología, siguen sin desvelar sus misterios. Con su testimonio, Herodoto abrió una senda que anticipaba un sinfín de conocimientos y maravillas. Pero tuvieron que transcurrir muchos siglos para que Europa volviese a interesarse por la cultura egipcia. Esta vez, la iniciativa partió de un general francés y de un puñado de "asnos".

Un personaje políticamente incorrecto

La tropa, perfectamente formada, esperaba impaciente. Sus rostros duros, curtidos ya en muchas batallas, miraban expectantes, mientras la salada brisa marina acariciaba sus mejillas, quizás como el último regalo que la patria hace a aquellos que posiblemente no regresen. Sin embargo, en un día así, el miedo es un sentimiento inútil del que nadie se acuerda. El honor y el orgullo de los que salían a conquistar la Historia llenaban treinta y ocho mil casacas. Soldados perfectamente adiestrados que confiaban ciegamente en un hombre que más tarde sería emperador y cuyo nombre hacía temblar a media Europa. Napoleón Bonaparte no era sólo un brillante general y un sagaz estratega; ya en aquel año la admiración que despertaba en sus soldados sería la misma que poco tiempo después sentiría todo el pueblo francés por él, y que le llevaría a proclamarse emperador ante el mundo.

El militar corso era un hombre culto e instruido pero, por encima de todo, carismático. Sólo unos pocos además de él sabían hacia dónde se dirigía aquel enorme ejército, que siguiendo la estela de su indiscutible líder embarcó en trescientas veintiocho naves con rumbo al sur. Esto ocurrió el quince de mayo de 1798 en la ciudad francesa de Toulón. Sin embargo, la impresionante expedición no se limitaba esta vez a una campaña bélica.

A bordo de los barcos de guerra viajaba, además de la tropa, un pequeño ejército de eruditos formado por ciento sesenta y siete sabios. Expertos en las más diversas materias que abarcaba la ciencia de aquel entonces; todos, o casi todos, con la ilusión puesta en llegar a una tierra virgen en lo que a estudio se refiere y desenterrar el saber oculto bajo las arenas de Egipto ya que, desde Herodoto, ningún otro europeo había investigado a fondo la civilización egipcia. La travesía no debió de ser fácil ni cordial. Valga como ejemplo el apodo que los soldados pusieron a aquella escuadra de científicos, *les ânes*, que significa "los asnos". El choque cultural entre hombres que no entendían más que de armas y del fragor de la batalla con otros que no hacían más que navegar entre libros produjo no pocos conflictos. Sin embargo, de aquella extraña mezcla saldría un conocimiento exhaustivo que serviría para que, más tarde, el resto de los científicos de Europa pudiera continuar indagando sobre la cultura faraónica. Y de entre todos aquellos que embarcaron aquel día histórico, uno a destacar: el barón Dominique Vivant Denon que, paradójicamente, no tenía nada de científico, ni tan siquiera de hombre destacado en letras. Aficionado en extremo al vino y las mujeres, su trabajo fue crucial en esta particular cruzada del conocimiento.

Vivant era ya un consumado viajero y había recorrido buena parte de Europa, donde su particular forma de vida no le había traído más que problemas. Arruinado en varias ocasiones, era un personaje mal visto en la capital parisina. Como no le quedaba otro remedio se dedicaba, en los meses antes de la expedición, a realizar dibujos eróticos y cualquier tipo de encargo que se le propusiera. Y su inclusión en este viaje no se debió más que a las simpatías que su persona despertaba en Josefina, la esposa de Napoleón.

Como es fácil comprobar, tanto por la temática de sus dibujos como por su talante, no era alguien precisamente adecuado para una misión de este tipo. Sin embargo, la divina casualidad hizo que aquel hombre tan políticamente incorrecto para la época acabase siendo uno de los "asnos" que llegaron hasta el país del Nilo. Y allí, ante la sorpresa de todos los que lo conocían, pareció sufrir una incomprensible transformación que convertiría su trabajo en la clave para los posteriores estudios que se desarrollaron sobre el antiguo Egipto. Aquel hombre de sucia taberna y oscuro cafetín que entre otras frases célebres dijo: "No se puede hablar de amor sin ser obsceno", se levantaba el primero de la tropa para llegar antes que nadie hasta las ruinas más cercanas. Allí, dibujaba como poseído y sin descanso hasta el más mínimo detalle de los edificios, templos y reliquias arqueológicas que tenía ante sí, daba órdenes constantes a la escolta que lo acompañaba para que limpiasen muros, relieves y frescos, de forma que su pluma pudiera fotografiar hasta el más mínimo detalle de todas las maravillas que se le iban apareciendo. Así pasaba todo el día, hasta que la ausencia de luz y el cansancio lo rendían, siendo siempre el último en regresar al campamento. Era como si aquel lugar, sacado de un relato de *Los cuentos de las mil y una noches*, hubiera tenido el poder de transformarlo. Y al que antes hipnotizara el ligero rojo chillón de la más soez de las prostitutas, ahora sólo tenía ojos para los bellos edificios y mastabas que tenía delante de su cuaderno.

Así pasó Vivant más de un año hasta que, junto a las tropas francesas, fue repatriado, llevando en su mochila de viaje un enorme tesoro de imágenes con las que el resto de eruditos de su tiempo podría trabajar. Los historiadores de todo el mundo descubrirían, al fin, cómo eran los templos, los obeliscos, las pirámides, las esfinges, etc. Los portentos de Egipto ya no estaban solamente descritos por algunos viajeros. Desde aquel momento, existía una imagen fiel a la que acudir para documentarse. Una imagen de la que beberían todos aquellos estudiosos que soñaban con antiguas civilizaciones sin haberlas visto nunca. Tan espectacular fue el trabajo de este peculiar dibujante que a su vuelta a Francia fue nombrado director general de museos, como recompensa a su encomiable trabajo. Esfuerzo que el controvertido pintor plasmó en su obra *Voyage dans le Haute et Basse Egipte*. Publicado en 1802, este libro se convirtió en un trabajo fundamental para todos aquellos que pretendieran iniciarse en el estudio de la antigua cultura faraónica.

Pero si la transformación de Dominique Vivant Denon es digna de destacar por su extrañeza, no lo son menos los motivos que llevaron a Napoleón a tan lejanas tierras. Si bien es cierto que era conocida por todos la importancia estratégica de Egipto como Leibniz ya le expuso a Luis XIV llamando a estas tierras "la Puerta de Oriente", también es cierto que el carismático general parecía tener algún interés oculto por llegar a la costa africana.

El sueño del general

Tal y como comentábamos antes, Napoleón partió junto a su ejército y su particular tropa de sabios desde el puerto de Toulón el quince de mayo de 1798, llegando a Egipto el dos de julio, después de saquear la isla de Malta. Tan sólo diecinueve días después, el brillante estratega ya estaba junto a sus soldados a las puertas de El Cairo. Esta fue la primera vez que el bravo militar contempló las pirámides de Gizeh. La indiscutible capacidad retórica que más tarde le consumó como político y líder de masas despertó al punto, y Napoleón se volvió hacia su ejército para pronunciar ante la impresionante vista una de sus frases más célebres: "¡Soldados! Desde lo alto de estas pirámides cuarenta siglos os contemplan". El corso tenía la certeza de que estaban haciendo Historia al lado de la huella viva más impresionante que el hombre haya dejado sobre la faz de la Tierra.

Al otro lado, el príncipe Murat le esperaba orgulloso junto a su veloz ejército, diez mil mamelucos a caballo, que eran capaces de deslizarse por las arenas del Sahara con una rapidez endiablada. Sin embargo, tan imponente tropa no supuso ningún obstáculo ante la inteligencia del militar francés, y la batalla no fue más que una masacre, donde el orden y el fuego cruzado de las bayonetas galas hicieron una auténtica carnicería. Así, el veinticinco de julio Napoleón entró triunfante en El Cairo sin que hubiera apenas bajas entre sus tropas. Desde aquel momento los acontecimientos militares se precipitaron, y el siete de agosto el almirante inglés Nelson aniquiló a la flota francesa en Abukir, aunque la dominación francesa sobre Egipto duró todavía un año más, ya que por tierra nadie osaba enfrentarse al sabio militar corso. Tiempo precioso para que el gran despliegue de eruditos escudriñara gran parte de los tesoros que las dunas habían mantenido escondidos durante milenios. Napoleón, sin embargo, tiene que regresar rápidamente a Europa para hacer frente a otras obligaciones. Pero antes de embarcar, concretamente el día trece de agosto de 1799, decide dormir en el interior de la Gran Pirámide de Gizeh.

Sus túneles, atestados de excrementos de murciélago, habían sido limpiados días antes por el historiador François Jomard, a la postre autor de la primera enciclopedia de Egiptología: *Description de l'Egipte*, que constó de veinticuatro volúmenes apoyados, obviamente, por multitud de láminas de Dominique Vivant.

No hay datos claros que nos indiquen porqué Napoleón se empecinó en buscar tan impresionante alcoba. Además, hay que entender que el hedor y la suciedad en el monumento hacían su aire casi irrespirable. Para muchos, el general francés no quiso más que emular a otros grandes hombres de la Historia como Julio César y Alejandro Magno, que al parecer realizaron actos similares. Sin embargo, es muy posible que fueran otras sus intenciones. Por un lado, el brillante militar estuvo durante gran parte de su vida rodeado de masones y es muy probable que buscara aquella noche parte de los conocimientos ocultos que esta logia, teóricamente, guardó durante siglos. Aunque, sin movernos en el terreno de la conjetura, lo que sí ha llegado hasta nosotros es la frase que el célebre hombre de estado pronunció al salir del gigantesco monumento. Al preguntarle sus subordinados, extrañados por su conducta, los motivos de tan incomprensible capricho, su respuesta fue: "Aunque lo contara, no lo creeríais".

De una forma u otra, lo que es obvio es que aquella noche en las entrañas de la enigmática construcción algo le transformó. Y pasó poco más de un año para que decidiera dar un golpe de estado cambiando con ello no sólo la historia de Francia, sino también la de todo el mundo.

Cuando Napoleón llegó al poder no olvidó, ni mucho menos, su aventura egipcia, y una de sus primeras decisiones fue la de introducir en el escudo de la capital, París, tres abejas, al igual que hacían antaño los faraones, que anteponían a sus títulos una abeja y un junco como signos del Alto y el Bajo Egipto. Y es más, autores como Robert Charroux comentan que, durante el resto de sus campañas, el general llevaba colgado de su cuello un amuleto que perdió en la invasión de Rusia.

Hombre de estado, loco carismático, militar invencible… En resumen, una persona que por sí sola marcó la transición del siglo XVIII al XIX. No podemos repasar la reciente historia europea sin detenernos en su vida y sus obras. Las verdaderas razones que lo llevaron a impulsar el estudio de Egipto y sus aspiraciones al dormir en la Gran Pirámide de Gizeh son incógnitas que el orgulloso corso se llevó a la tumba. Pero de lo que no cabe duda es de que, al igual que a otros muchos genios como Dominique Vivant, las ardientes arenas del país de los faraones y los secretos que ellas guardan tuvieron el poder de transformarlo. Si el cambio fue en beneficio o en perjuicio de la Historia es algo que deben juzgar ustedes mismos. El caso es que hoy, casi dos siglos después, cientos de miles de disimulados peregrinos acuden al mismo lugar con una intención análoga: buscar en la obra de los antiguos egipcios una magia olvidada que los impulse a una nueva vida.

Un niño marcado por el destino

Las ancianas susurraban el terrible fin que se avecinaba, mientras el librero continuaba caminando en desesperantes círculos. De repente, un golpe seco rompió la torturadora monotonía de la velada. La puerta de la habitación del fondo se había cerrado. Durante unos segundos, el silencio se hizo insoportable, hasta que el ruido de los pasos firmes del médico provocó la expectación entre los presentes. El frío rostro del doctor hizo que los peores presagios volvieran a materializarse. No fue necesaria más que una mirada para que Jacques Champollion, un conocido librero de la ciudad de Figeac, comprendiera que aquello no tenía remedio. Su mujer era paralítica y el parto se hacía imposible. Tanto su esposa como su futuro hijo perderían la vida. La suerte estaba echada.

El caso es que aquel hombre, herido en lo más profundo de su alma, no desistió ante los envites del destino. Desesperado, y viendo que ya no había remedio, fue en busca de un conocido curandero de la comarca, Jacquo. Este hombre extravagante, conocedor de los antiguos secretos que las plantas del bosque guardaban desde tiempos remotos, entró en la casa como si no pasara nada, como si la tragedia sólo estuviese en la mente de las gentes que allí habitaban. No podemos saber si fue fruto del azar, si fue cosa de un destino que ya está escrito, o si realmente el curandero, tal y como indica su título, era capaz de curar. El caso es que Jacquo dio a la esposa del

Champollion, un niño prodigio que desde pequeño estuvo convencido de que él sería el primero en descifrar los jeroglíficos... Y lo consiguió.

librero un vaso de vino caliente y preparó sobre su lecho una capa de plantas medicinales, mientras que una serena sonrisa permanecía clavada en su rostro. "No se preocupe usted, señora, su hijo nacerá sano y fuerte. Además, en el futuro será conocido, admirado y respetado por todos. Su fama hará que se le reconozca en todo el mundo", sentenció el curandero, sabedor de que las palabras tienen también la capacidad de curar.

Todo era ya cuestión de tiempo, y a los tres días la señora Champollion dio a luz un hermoso niño, en contra de lo que los cánones de la medicina moderna vaticinaban. El doctor, que todavía no daba crédito a lo que estaba viendo, examinó con detalle al recién nacido y, si ya estaba asustado por tener entre las manos a un vivo que debía estar muerto, palideció aún más al ver sus ojos: ¡sus pupilas eran amarillas! tal y como ocurre con algunos bebés orientales. Pero aquel no era el caso, pues la totalidad de la familia del bebé era francesa. Un aspecto que le valió al recién nacido el apodo que llevaría de por vida: "el egipcio". Toda una premonición.

Extraño y único desde su nacimiento el veintitrés de diciembre de 1790, Jean François Champollion fue un niño extraordinariamente sagaz e inquieto. A los cinco años de edad aprende por sí solo a leer y escribir, asociando las letras a sus sonidos correspondientes. A los once años ya sabe latín, griego y hebreo, aunque esto no es más que el comienzo, pues con dieciséis años domina a la perfección ocho lenguas muertas, conocimientos de filología que no dejó de aumentar durante el resto de su vida. Es también a esa edad cuando conoce a uno de los sabios que participó en la expedición napoleónica, Fourier, y éste le muestra por primera vez papiros egipcios con inscripciones antiguas. Al ver aquella maravilla el muchacho pregunta: "¿Se puede leer esto?". El sabio francés niega con su cabeza y Champollion, muy seguro de sí mismo, le responde: "yo lo leeré", frase que repitió en infinidad de ocasiones a lo largo de su vida y que le valió la burla de muchos, que lo vieron como un prepotente.

El muchacho se veía atraído desde pequeño por lo inverosímil y por lo absurdo, e indagaba en las facetas más extrañas del saber. Con doce años escribe su primer libro, titulado *Historias de perros célebres*, lo que le cuesta una reprimenda por parte de su hermano, que intenta reconducirlo por el buen camino apartándolo de todo aquello que considera fantasioso. Consejos que dan su fruto, pues, a los diecisiete años, Jean François realiza el primer mapa que se conoce sobre el Egipto faraónico. Es también a esa edad cuando es nombrado miembro de la Academia de Grenoble por los trabajos que verán la luz en su obra *Egipto bajo los faraones*. Y es desde entonces cuando comienza a obsesionarse con los dibujos que Vivant Denon había hecho de la Piedra de Rosetta. Una losa negra donde aparecía la misma inscripción, una dedicatoria de los sacerdotes de Sais a Ptolomeo V, en escritura jeroglífica egipcia, en demótica y en griego antiguo. Desde entonces, y ya en la ciudad de París, se vuelca por completo en su estudio, aprendiendo varios idiomas orientales como árabe, sánscrito, persa, copto e incluso chino, que cree le darán la llave para poder descifrar los jeroglíficos. Champollion llega, incluso, a cambiar su acento de tanto hablar y escribir en lenguas diferentes a

Los templos egipcios estaban repletos de una escritura que guardó sus secretos durante milenios, ya que las claves para descifrarla no estaban al alcance de los arqueólogos.

la suya. Sus amigos no podían comprender la fluidez con la que pronunciaba el copto, el idioma más similar al egipcio antiguo. Incógnita a la que responde de la siguiente forma: "lo hablo conmigo mismo".

En 1819 es nombrado profesor de Historia de la Universidad, pero su actitud y sus escritos en defensa de la libertad para la ciencia le cuestan la reducción de su sueldo hasta el veinticinco por ciento de la cantidad que originariamente le correspondía. Sin embargo, el tenaz investigador no decae, y para subsistir escribe guiones para obras de teatro, e incluso las letras de algunas de las canciones que se cantan en los cafetines de la época, demostrando de nuevo que su ingenio no tiene límites.

Es difícil introducirse en la mentalidad introvertida y genial de este hombre que pasó, por méritos propios, a formar parte de la Historia.

Y descubrir por qué, teniendo enormes conocimientos en lenguas muertas y otras vivas, nunca estudió griego antiguo, hasta que por fin se decide y lo aprende en pocos meses. Con este nuevo bagaje se vuelca otra vez en la Piedra de Rosseta, y se da cuenta de que todos los que habían intentado descifrarla habían fracasado por partir de una base equivocada.

Los eruditos de todo el mundo, haciendo caso a los escritos del viajero griego Herodoto, pensaban que cada imagen jeroglífica egipcia se correspondía con una palabra, lo cual era completamente falso.

Tras una etapa muy ajetreada de su vida, en la que incluso es acusado de alta traición por su supuesta complicidad en la huida de Napoleón de la isla de Santa Elena, publica *Lettre à M. Dacier relative à l'alphabet des hiéroglyphes phonétiques*. En esta obra sienta las bases que dan pie a la consecución de su gran milagro. Champollion se da cuenta de que los jeroglíficos que tiene ante sí no representan un objeto o idea por cada signo, sino que son "una expresión gráfica de sonidos". Así, el primer cartucho de la inscripción egipcia contenía la palabra "Ptolomeo". Rememorando, quizá, la época de su infancia, cuando aprende a escribir en función de las sílabas que escucha, realiza la misma labor con la inscripción de la Piedra de Rosetta. A partir de este momento, da valores fonéticos a cada uno de los jeroglíficos. El trabajo se hace más sencillo tras la aparición del Obelisco de Filé, donde de nuevo figura una inscripción en egipcio y griego antiguos. Su trabajo es enormemente criticado y son muchos los hombres de ciencia que lo acusan de ser un farsante. Sin embargo, gracias a su audacia, logra descifrar ambas inscripciones y obtiene las claves para poder traducir el egipcio antiguo.

Champollion no puede viajar a Egipto hasta 1828. En su recorrido por el país del Nilo, las gentes se agolpan a su alrededor observando a un extraño personaje que lee los textos de sus antepasados. Allí pasa más de un año ataviado como un egipcio más, y recorre gran cantidad de edificios comprendiendo su verdadera función y significado. Los que lo acompañan comentan que, con su aspecto y su peculiar forma de caminar, parece uno de tantos árabes venidos del desierto. Era como si hubiera nacido para estar allí.

El sabio francés murió pocos años más tarde sin que la ciencia de su época reconociera en absoluto sus descubrimientos. Tuvieron que pasar décadas hasta que otros eruditos, como el alemán Richard Lepsius, apreciaran sus trabajos. Y fue sesenta y cuatro años después de su muerte cuando una conferencia pronunciada por Renouf en la Royal Society de Londres lo situó en el lugar de la Historia que se merece demostrando, una vez más, que la envidia de muchos, tal y como hoy continúa sucediendo, es lo que hace realmente que nuestra ciencia y nuestra sociedad no avancen en otro sentido.

Niño prodigio, hombre comprometido con sus ideas y con su tiempo, el genial Champollion dejó sus textos y su trabajo para que todos aquellos que le siguieran pudieran arrojar más luz sobre lo que pasó en el maravilloso país de los faraones hace miles de años. Y fue a partir de su brillante labor cuando realmente las piedras comenzaron a hablar.

No sería justo terminar este capítulo sin mencionar a otros personajes que, sin ser estrictamente los primeros, fueron también pioneros de la egiptología. Este es el caso de Belzoni, Mariette, Lepsius o el inglés Petrie, que pasó cuarenta y seis años de su vida excavando sin cesar en las polvorientas tierras norteafricanas. Lo curioso de todos ellos, que dedicaron su vida en cuerpo y alma al estudio del Egipto antiguo, es que llegaron a una conclusión similar: aún queda mucho por descubrir.

Capítulo 2

La cultura que surgió
de la nada

Nos quedaríamos cortos si la calificamos de impresionante. La verdad es que es más bien sobrecogedora. Enormes estatuas y fabulosos templos se alzan impetuosos en medio del más enorme y desolador de los desiertos. Así es Egipto, un desafío a la vista de todos, una cultura cuyo halo de misterio se sumerge en lo más profundo de los tiempos, provocando la maravilla y el asombro del hombre moderno. Pero ¿qué tuvo este pueblo de especial? Más aún, ¿qué fenómeno maravilloso sucedió en el Sahara para que estas gentes dieran comienzo a la civilización tal y como hoy la conocemos?

Hasta ahora, la egiptología nos ha querido hacer creer que un pueblo de incultos pastores cambió de la noche a la mañana el curso de la Historia. Están convencidos de

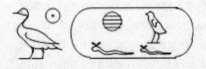

Sello de Keops.

que gentes que vivían rozando la miseria crearon de repente la civilización más grande de cuantas hayan existido. Una cultura que duró más de tres mil años y que albergó todo el saber de la antigüedad, que surgió de las entrañas de una tierra inhóspita con comprobados conocimientos de medicina, arquitectura, matemáticas, filosofía, e incluso con una escritura compleja y desarrollada.

Sin embargo, la Historia no nos oculta todos sus entresijos, sino que suele esconder las claves del pasado en sutiles detalles, que se exponen a la vista de todos aquellos que se atrevan, sin miedos, a enfrentarse a sus secretos.

El secreto del Sahara

No existe mejor lugar que el desierto para darse cuenta de lo insignificantes que somos. Miras delante de ti y el mar de arena se pierde en el horizonte, más de dos millones de kilómetros cuadrados de tierra aparentemente inerte. Esto es el Sahara, palabra de origen bereber que significa "tierra dura", y en verdad lo es, con temperaturas que sobrepasan fácilmente los cincuenta grados. Pero este magnífico desierto, a primera vista vacío, oculta bajo su tórrido manto multitud de secretos. El primero de ellos, y a la vez el más paradójico, es que bajo la tierra más muerta del planeta se esconde un inmenso lago. El mar de Albienne tiene agua para convertir el Sahara en el mismo lugar que fue hace miles de años, un precioso vergel.

Entre los trescientos y los mil doscientos metros de profundidad hay un volumen de agua similar al tamaño que ocuparía dos veces la península Itálica. ¿No les parece una paradoja morir de sed pisando agua?. Pero este no es el único secreto que alberga el ocre manto de fina arena. El Sahara fue el lugar donde el hombre pasó de ser un mono desnudo a convertirse en artesano, constructor, agricultor, comerciante. Una evolución en la que también se formaron las bases de la civilización egipcia. Es absurdo estudiar la antigua cultura faraónica olvidándose de su entorno, máxime cuando en éste se encuentran las claves de su enigmático origen.

Hoy en día, más que una hipótesis es un hecho comprobado que en el Sahara se desarrolló, hace miles de años, un sustrato cultural común, adaptado a un entorno que era muy diferente a como lo vemos ahora. Para comprobarlo, no es preciso más que estudiar las pinturas rupestres del sur de Argelia, donde aparece "fotografiada" aquella tierra tal y como fue hace diez milenios. En los citados murales

El desierto del Sahara, un terreno hoy yermo
que sin embargo guarda bajo sus arenas una red
de lagos subterráneos inimaginable en estas latitudes.

aparecen hipopótamos, jirafas, elefantes y toda una multitud de animales y rica vegetación que propiciaron comida en abundancia a los diferentes pueblos que allí moraron. Pero hace siete mil años el clima comenzó a modificar aquella tierra fértil, y los diferentes grupos étnicos que convivían en la región empezaron a emigrar buscando tierras mejores. Por aquel tiempo, las zonas aledañas al Nilo eran pantanosas y prácticamente inhabitables. Sin embargo, el lento proceso de desertificación las fue desecando y, paradójicamente, las convirtió en el vergel que hoy conocemos.

Este proceso no fue paulatino, sino que se produjo alternando períodos de abundancia y de sequía, en el transcurso de los cuales fueron pequeños grupos de colonos venidos de diversas y lejanas tierras los que otorgaron a la cultura egipcia su carácter único.

Sobre este extremo existe una gran polémica desde hace años: los egiptólogos puros niegan este origen externo de la cultura faraónica, mientras que los africanistas, en un congreso de la UNESCO celebrado en 1974, ya establecieron que no hay otra posibilidad de explicar la Historia. Pero como mi trabajo no consiste en hacer política a favor de unos ni de otros, les expondré los diferentes datos que existen para que puedan decidir por ustedes mismos.

Lo que es inexplicable desde todo punto de vista es defender, como hacen muchos, que la cultura egipcia surgió de la noche a la mañana porque sí, ya que ésta, desde su nacimiento, tiene una religión perfectamente configurada y de gran complejidad, una escritura definida, consumados maestros en diferentes artes como la escultura y la construcción y, desde el punto de vista científico, grandes conocimientos de filosofía, matemáticas, medicina, etc. Obviamente, jamás se ha dado un caso similar en la Historia, ya que una civilización tan compleja y desarrollada necesita, a la fuerza, una evolución de siglos e incluso milenios para florecer hasta un grado semejante.

Desde el punto de vista religioso, la utilización de dioses con cabeza de animales, tal y como hicieron los primitivos habitantes de las orillas del Nilo, tiene un reflejo miles de años atrás en las pinturas rupestres de Libia y Argelia. Esto, junto a las leyendas egipcias que nos dicen que Osiris (el dios que trae la civilización y las ciencias) provenía de Occidente, nos hace suponer que el origen de la civilización egipcia debe buscarse en la cultura bereber. Además, podemos sumar otros dos datos clarificadores, por no decir definitivos: por una parte, en el Egipto actual, concretamente en el Oasis de Siwa, todavía se habla el tamazigh, la lengua bereber. Y por otro lado, en las pinturas rupestres de Tassili, al sur de Argelia, existe una representación pictórica con el mismo estilo (de perfil) y tratamiento cromático que más tarde se utilizaría en Egipto. Representación que, a todas luces, refleja a la diosa Isis antes de que ésta fuera venerada en los templos que rodean las pirámides.

Sin mencionar que hasta las barcas saharianas, hechas de juncos, son idénticas a las que más tarde se harán para surcar el Nilo, hechas de papiro.

Sin embargo, y aunque esta pista sea bastante sólida, hay otros datos que suman un mayor desconcierto al enigma del origen de Egipto. De un lado en Qostul, Sudán, aparece una representación de la corona del Alto Egipto en el año 4000 a.C., mientras que la cultura egipcia clásica surge en el 3150 de la misma era. Además, en esta ciudad sudanesa podemos encontrar también la figura del dios Horus, con cabeza de halcón. Y si queremos asombrarnos aún más, basta comparar la fachada de cualquier palacio real egipcio con un serek, la casa de los jefes de la etnia dogón en Mali. Sin hablar de que el egipcio antiguo es muy parecido a la lengua peul y a la haal-pulaar- en, ambas del África occidental.

Lamento, por tanto, en este epígrafe, no haber arrojado luz sobre los orígenes exactos de la cultura egipcia. Y es que, en realidad, nadie puede todavía explicar cómo, de la noche a la mañana, un pueblo de pastores se convirtió en una civilización que deslumbró al mundo. Muchos son, como puede verse, los datos que recogí y las horas que he pasado leyendo en infinidad de libros, y aunque no he encontrado solución al enigma, no me desespero por ello. La magia se encuentra en lo incomprensible; en este caso, bajo las arenas del inmenso Sahara. Quizá, después de haber leído esto, puedan entender más que nunca el proverbio tuareg que dice: "Cuando estés solo por la noche en el desierto, no digas "qué silencio", di "no oigo"".

El dulce llanto de la diosa

Hombres, mujeres y niños impacientes en la orilla del gran río, el Nilo. El nerviosismo se hacía más patente a la vez que el sol apuntaba a su ocaso, y al comenzar la noche, todos miraban al cielo esperando el gran milagro. No importaban el calor ni las insidiosas picaduras provocadas por las nubes de mosquitos. Todos querían ver el renacer de la diosa quien, puntual, acudía desde tiempo

Egipto fue en la antiguedad el granero del mundo.
Sus excedentes agrícolas fueron el sustento de buena parte de Europa.

inmemorial a su sagrada cita. Y así, ante la mirada de un pueblo fervoroso y expectante, hacía su mágica aparición en el horizonte, brillando con más fuerza que el resto de las estrellas del firmamento. Isis, la gran diosa madre, por fin había aparecido, y sus dulces lágrimas provocarían de nuevo la crecida del Nilo. Una vez más la cosecha estaba asegurada, no sólo para Egipto, sino para todas las bocas que existían en la antigüedad. No en vano, los romanos llamaron al valle del Nilo "el granero del mundo", y si había problemas con la cosecha, el hambre sería un castigo para toda la humanidad.

No podemos entender el nacimiento de la civilización egipcia sin comprender el estrecho vínculo que unía al río sagrado, el Nilo, con el pueblo que habitaba en sus orillas. Y es que el esplendor de Egipto surge, en gran medida, cuando se alcanza el control de las inundaciones que acontecían cada año. Logro que se consiguió de una forma bastante curiosa: mirando al firmamento. Sirio, la estrella más brillante de la bóveda celeste, desaparecía incomprensiblemente ante la mirada atónita de los astrónomos durante setenta días, período después del cual volvía a aparecer (sobre el quince de junio), marcando la crecida de las aguas del Nilo. Los griegos llamaban a esta estrella Serios, y los egipcios, Sopte, aunque una mala traducción de aquella época nos haya hecho pensar que su verdadero nombre, para los habitantes de las riberas del río, era Sotis. Para los antiguos egipcios, Sopte era la representación de la diosa Isis, la gran madre cuyas lágrimas, provocaban la incomprensible crecida del río.

Este hecho fue clave para el desarrollo de la cultura egipcia, pues al controlar las crecidas podían determinar el tiempo de la siembra, haciendo que sus tierras fueran las más fértiles del planeta. Esto era provocado no sólo por la abundancia de agua, sino también, y aún más importante, por el limo negro que traía la crecida. Por eso la aparición de la deslumbrante estrella no sólo marcaba el devenir de las tareas cotidianas, sino que también determinó las pautas para la creación de su calendario. El día en que Sopte aparecía de nuevo en el firmamento era para los egipcios el primer día del año. Gracias a esto, la cultura de los faraones fue la primera en dividir el año en doce partes de treinta días cada una, más cinco días; estos últimos conocidos como los días de Anubis, el dios con cabeza de chacal, unas jornadas terribles donde la gente se quedaba encerrada en casa sin salir. Días señalados de los que hoy proviene nuestra conocida expresión "un día de perros", en referencia, aunque se haya perdido en el recuerdo, a las jornadas en que los egipcios no salían de sus casas por mandato divino.

El calendario egipcio fue el más perfecto de los conocidos en la antigüedad. Se dividía en tres estaciones con cuatro meses cada una de ellas. La primera, ankit, la época de la inundación; la segunda, perit, que marcaba las labores agrícolas; y la tercera, semu, el verano, cuando se llevaba a cabo la recolección. De este modo, el ritmo de vida de los egipcios era marcado por el Nilo y por la aparición de Sopte en el horizonte. Aunque los egiptólogos ortodoxos olvidan un detalle muy importante en cuanto a la formación de la cultura faraónica y su estrecha relación con Sopte, y es la existencia de un pueblo africano anteriormente

La diosa Isis, cuyas lágrimas provocaban, según la cosmología egipcia, las crecidas del río Nilo.

mencionado, los dogones en Mali, que de igual forma que los egipcios mantenían una relación muy especial con la citada estrella. Gran parte de los conocimientos que tienen los dogones están estrechamente ligados al culto que esta etnia procesa a Sopte. Igual que los egipcios, cuyos conocimientos parten del control del río Nilo gracias a las observaciones que hacen de la misma estrella. Y de la misma manera, tal y como relaté en el epígrafe anterior, los palacios reales egipcios y los serek dogones, las casas de sus jefes, presentan unas similitudes desconcertantes. Si las coincidencias en lo sagrado y en lo arquitectónico son tan importantes, ¿por qué no pensar que hubo entre ambos pueblos lazos muy estrechos? Sin embargo, aunque parezca evidente, quizás la respuesta no esté aquí y se encuentre en otro lugar más lejano. Un país del que nos hablan las leyendas y del que pudo partir el famoso sustrato cultural común del Sahara.

Charlas con Platón

Aquel hombre sabio era de una curiosidad insaciable. Recorría los templos deteniéndose hasta en sus más mínimos detalles, parlamentaba con los escribas e interrogaba, en cuanto tenía ocasión, a los filósofos y los sacerdotes. Nadie sabe exactamente por qué fue hasta tierras tan lejanas, pero tras escuchar a los sacerdotes de Sais su vida cambió, pues comprendió que su civilización no había sido la más sabia y poderosa de cuantas habían existido. En aquel recóndito templo donde se guardaban los conocimientos más antiguos del mundo, el sabio heleno fue consciente de que la Historia era más, mucho más

No podemos entender la cultura egipcia sin comprender la unión de este pueblo con el Nilo, un río que era para ellos la fuente de la vida.

antigua de lo que él había pensado hasta entonces. Si existe un hombre que haya marcado la ciencia y el conocimiento occidental en sus orígenes, ese es sin duda Platón. El sabio heleno demostró en sus obras ser un visionario, y formó las bases para que el conocimiento y la ciencia pudieran continuar desarrollándose.

Pero el citarlo en este libro se debe a motivos muy distintos. El intrépido filósofo griego viajó, entre otros muchos lugares, a Egipto, donde conversó con los sacerdotes de Sais, los valedores de las antiguas ciencias que habían surgido en Egipto. Y de aquella fructífera entrevista Platón sacó material jugoso como para escribir dos libros, *Timeo y Critias*, en que describió con todo detalle una civilización muy anterior a la egipcia. La Atlántida es, para muchos historiadores y científicos, una simple superchería; sin embargo, su existencia daría explicación a una buena parte de las controversias que surgen a la

Los egipcios reflejaron en muchos de sus enormes templos el fervor que profesaban a Isis, el icono religioso que simbolizaba a la "gran madre".

hora de indagar sobre el origen de Egipto. Platón describe aquel lugar como una isla fabulosa rodeada de imponentes murallas, habitada por hombres cuya ciencia no tenía igual. No es cuestión ahora de ver hasta qué punto puede ser real la existencia de un lugar de tales características, sino que lo importante es que el filósofo heleno recogió de primera mano la constancia de que había existido una civilización más antigua que la egipcia. En definitiva, una cultura madre de la humanidad, cuya disgregación explicaría, entre otras cuestiones, las similitudes culturales que existen entre puntos tan apartados del Sahara. Ésta pudiera parecerles una afirmación arriesgada y con poco fundamento, pero son cada día más los hombres de ciencia que también están convencidos sobre este extremo. Valga como ejemplo que, mientras escribo estas líneas, una expedición británica auspiciada por varias universidades está buscando los restos de esta cultura madre de la humanidad en Bolivia, muy cerca del lago Titicaca. ¿Locura colectiva o evidencia de que algo falla en la visión que hasta ahora tenemos de nuestra Historia? Yo diría, más bien, sensatez tardía ante tanta incongruencia demostrada.

Sin introducirnos en las evidencias que sobre esta primera cultura desconocida existen en diferentes lugares y pueblos, vayamos directos a la tradición egipcia. Según nos relatan los textos antiguos, los primeros egipcios, aquellos que portaban los saberes que les hicieron ser más grandes que el resto de los pueblos del planeta, venían de una tierra llamada Aha Men Ptah, el país de los antepasados. La traducción literal de esta expresión sería "corazón primigenio de Ptah". Ptah era el dios egipcio equivalente al demiurgo, la energía creadora de todas las cosas. Así, la palabra faraón viene de la expresión pher aon, que significa "descendiente del primogénito". En resumen; el primer rey, pero de otro país. Lugar que sus tradiciones afirman se hundió por un gran cataclismo. Así fue como los supervivientes llegaron a vivir hasta ath ka Ptah, las tierras de Egipto, cuya traducción literal es "el segundo corazón de Ptah".

Estos primeros egipcios no sólo tenían conocimiento de aquella nueva tierra, sino de otras lejanas en las que ya habían estado. Afirmación que se demuestra de una forma muy sencilla: desde el primer día del nacimiento de la cultura faraónica, sus habitantes utilizan materiales traídos de lugares lejanos, como es el caso del lapislázuli, fundamental para la confección de amuletos, que era recogido en Afganistán. Ya desde el momento de la formación de la primera capital egipcia, Tinis, existe una escritura desarrollada y conocimientos de arquitectura, medicina, etc., que nada tienen que ver con la cultura de un pueblo primitivo.

El enigma está, pues, servido: ¿quiénes fueron estas primeras tribus llegadas de lejos? Los anu, según la tradición egipcia. La ciencia todavía no ha sabido respondernos, aunque quizá saquemos algo en claro rebuscando entre la historia de los primeros faraones.

Los hijos del dios halcón

El sacerdote garabateaba pacientemente sobre los papiros. En su mesa, cientos de papeles y documentos valiosos que guardaban todos los secretos del antiguo Egipto, un tesoro tan sólo al alcance de algunos privilegiados. Su misión no era fácil, resumir todo el saber antiguo y, lo más importante, recoger en un libro los miles de años de Historia que le habían precedido. Nunca se había llevado a cabo un trabajo similar; sin embargo, las circunstancias mandaban. El nuevo faraón no conocía nada de su nueva tierra, pues era de origen griego. Ptolomeo II fue uno de tantos faraones extranjeros de las últimas dinastías, pero eso no le impidió sentir la necesidad de conocer a su pueblo. De ahí que encargara a uno de los eruditos de Egipto que elaborase un libro donde se resumiese el pasado del país del Nilo. Esta fabulosa obra escrita por Manetón, un sacerdote de Heliópolis, se llamó *Aegyptiaca*. Un libro fundamental si todavía se conservase, pero por desgracia muy poco es lo que queda de él. Casi todos los autores de la antigüedad citan en sus obras párrafos del famoso libro de Manetón, y es gracias a ellos

Según algunos papiros, los enigmáticos hijos de Horus fueron los primeros en reinar sobre las tierras de Egipto.

por lo que hemos podido tener conocimiento de la importancia de este trabajo. Sin embargo, del original sí que se conserva una pequeña muestra, unos papiros que recogen una lista de los faraones de Egipto desde el alba de los tiempos. No es este el único documento con un contenido tan valioso, existen otros dos además de las llamadas *Listas de Manetón*, que son el *Papiro de Turín*, de un autor desconocido en tiempos de Ramses II, y la *Piedra de Palermo*. Estas tres crónicas son toda la documentación objetiva de la que disponemos para resolver el enigma del origen de Egipto, y las tres arrojan una gran cantidad de dudas sobre lo que pudo acontecer en el país del Nilo, pues todas se remontan a un tiempo antiquísimo donde los dioses reinaban sobre la faz de la Tierra. Sea leyenda o una forma metafórica de explicar la realidad, en ellos se habla de los semsu hor, los hijos de Horus, el dios con cabeza de halcón, como los antiguos gobernantes de

Egipto. Mucha es la polémica que hay sobre estos textos, ya que entre otros detalles remontan la historia de los faraones a un tiempo mucho más lejano del que acepta la egiptología oficial. Sin embargo, por encima de luchas científicas son, nos guste o no, los únicos documentos que tenemos para comprender un pasado oscuro. Tanto las *Listas de Manetón* como el *Papiro de Turín*, afirman que Menes fue el primer faraón, rey que jamás se ha encontrado, pero que los historiadores identifican con Narmer, en cuya tumba se encontró una paleta donde el monarca aparecía con los signos de poder del Alto y Bajo Egipto. Nada sabemos sobre la vida y obras de este rey, que según los historiadores fue el creador de la cultura egipcia.

Pero hay otros datos que desestabilizarían esta teoría, como es que en la otra lista que tenemos, la *Piedra de*

Anverso y reverso de la Paleta de Narmer,
el primer documento gráfico donde aparece un faraón
portando los signos del Alto y Bajo Egipto.

Palermo, aparezca como primer faraón Aha. Su tumba se ha encontrado, pero los jeroglíficos que aparecen en ella son todavía objeto de controversia. Así que para qué andar con discusiones bizantinas, los historiadores cortaron por lo sano y en los libros ortodoxos aparece como primer faraón Narmer, y como su sucesor, Aha. Debe de ser porque el resultado del combate documental era de dos a uno a favor del primero. Aunque la verdad es que no hay datos de peso y contundencia que nos lleven a asegurar quién fue, y menos todavía a afirmar que Narmer fue realmente Menes. Este nombre, en antiguo egipcio mni, significa "el que queda". La pregunta es: el que queda, ¿de qué? Posiblemente, de aquellas famosas anu, tribus venidas desde un lugar lejano y de las que hay leyendas por toda el África del Norte.

Y es que, aunque nos parezca una locura, los documentos antiguos no hacen más que reflejar con detalle las leyendas de tradición oral que hoy, miles de años más tarde, podemos todavía recoger. Es precisamente a ese tiempo de leyenda, denominado por los antiguos eruditos "la edad de oro", al que hay que remontarse para encontrar la semilla de la civilización egipcia.

En este tiempo, otro rey que ahora se ha convertido en dueño de la gran pantalla, el rey Escorpión, hizo su aparición. Esta es, en verdad, la primera vez que aparece una prueba documental que representa a un personaje con una corona egipcia, en concreto la del Bajo Egipto. Sin embargo, de forma incomprensible y asombrosa, el nombre de este personaje real que está reflejado en una maza de poder es un escorpión, sin que haya ningún dato sobre su vida o sus obras.

Oscuro como la noche, misterioso como la niebla, así es en verdad el origen de la civilización más grande de cuantas hayan existido. Un pasado que nos lleva a un tiempo en el que un hombre podía llegar a ser rey por méritos propios. Un hombre, sea Escorpión, Menes o Aha, que cambió para siempre la Historia.

Pendiente que perteneció a Tutankamon.

Capítulo 3

En el país de Los Magos

*L*a magia es una inquietud humana que viene desde muy antiguo. En concreto, las primeras manifestaciones registradas provienen de Oriente Medio, hace alrededor de medio millón de años, cuando el hombre no era más que un mono desnudo. En aquellas latitudes se encontraron enterramientos en que los cadáveres se ponían en posición fetal orientados hacia el este, el lugar donde nacía el sol. Además, se teñían las tumbas de color rojo, ya que este tono representaba la sangre, elemento que los antiguos identificaron con la esencia de la vida. Mediante este conjunto de factores se pretendía que el fallecido entrase en una nueva existencia en el más allá. La magia surge, por tanto, antes que la religión, como un intento de comprender y manipular la naturaleza que nos rodea. De

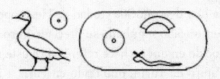

Sello de Kefren.

esta manera los primitivos chamanes utilizaban sus poderes para garantizar una nueva vida en otro mundo o simplemente para provocar la lluvia.

Los iniciados son aquellos que tienen la capacidad de comprender estos elementos, con los que operar de forma sobrenatural sobre nuestro entorno. Así de sencilla y compleja es la magia. Un arte que llegó a cotas inimaginables en el antiguo Egipto.

Thot y su fabuloso libro

Un libro en el que estarían condensados todos los conocimientos perdidos de la antigüedad. Mezclándose magia con ciencia y religión, el que hallase este mítico texto se convertiría, automáticamente, en uno de los hombres más poderosos del mundo. Es, por ello, comprensible, que tras el libro del dios Thot, ser divino que representa la sabiduría, se haya dado todo tipo de conspiraciones y enigmáticas leyendas.

Thot es representado como un ser humano con cabeza de ibis, en sus manos sostiene una pluma y una paleta con tinta, al igual que el resto de los escribas del país de los faraones. Era el secretario de los Dioses y, por tanto, el encargado de transmitir sus conocimientos a los demás mortales. Inventó, además, la escritura, y sus signos son un mono y una luna. Según la antigua tradición egipcia, vivió en la hoy desconocida ciudad de Hermópolis, donde posiblemente acabó sepultado su preciado libro. El primer texto conocido en que se hace referencia a este manuscrito es el Papiro de Turín, publicado en París a finales del siglo XVIII. Aquí se describe el intento de asesinato de un

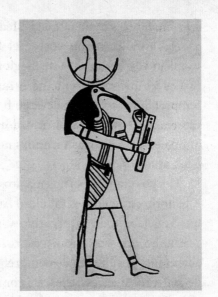

Thot, el dios de los escribas, era también el señor de la mágia, y en su fabuloso libro se hallaban las claves de todos los saberes ancestrales.

faraón a través de formulas mágicas extraídas de las entrañas del libro de Thot. El monarca, enojado por la conspiración, mandó quemar el polémico texto, además de ordenar la ejecución de cuarenta nobles y ocho damas involucradas en tan turbio asunto. Sin embargo, si lo que dice la estela Metternich es cierto, la historia anterior debería ser considerada como falsa. Descubierta en 1828 y datada en el siglo IV a.C., narra, por boca del mismísimo dios escriba, cómo él quemó su codiciado tesoro tras expulsar de la Tierra a Set, el señor de las tinieblas, y a siete caballeros del mal. Y es que, como veremos a lo largo de esta obra, son relativamente frecuentes los textos egipcios en que se narra en tono real lo que en principio pertenece al mundo de la leyenda, sin que tengamos elementos de juicio con suficiente peso para discernir lo real de lo fabulado.

Más tarde, en plena Edad Media, fueron muchos los magos que afirmaron poseer el famoso libro, del cual extraían sus hechizos y sortilegios. Es normal que algunos presumiesen de ello, pero ninguno dio pruebas de tenerlo. Entre todo el saber que figuraba en este manuscrito se encontraba la capacidad de comunicarse con los animales, e incluso las fórmulas necesarias para resucitar a los muertos.

Muchos eran los objetos mágicos que podían crearse con este libro, entre ellos el fabuloso Ankh en maat, un espejo que reflejaba todo lo negativo y pernicioso de aquellos que se atreviesen a poner su rostro ante él. Otorgaba, además, la posibilidad de comprender el funcionamiento de la Tierra y las estrellas, así como el entendimiento de todo lo que podemos considerar sobrenatural. Es normal, por tanto, que fuese una obra muy codiciada.

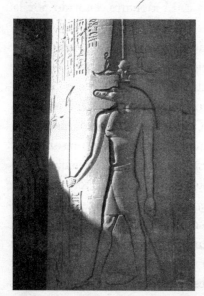

Set, dios de las tinieblas, era el guardián de las artes oscuras. Hoy todavía podemos encontrar sectas que abanderan su nombre.

El zodiaco de Déndera nos demuestra que la cultura egipcia también
adoptó la astrología como una nueva forma de conocimiento.
Y para ello habían de tener unos saberes astronómicos sin precedentes
en ningún otro lugar del planeta hasta esas fechas.

Con algo más de fiabilidad, durante el siglo XVIII sí
parece que ocultistas de reconocida fama llegaron a ver
una parte de este libro. El escritor Antoine Court de
Gèbelin defendió haber tenido entre sus manos parte del
texto egipcio original y, según su relato, éste no era más
que la descripción de los arcanos mayores del tarot. En el
mismo siglo, Alliete, otro conocido experto en ciencias
ocultas, llegó incluso a publicar cuatro obras sobre el
legado del dios escriba. Ninguno pudo demostrar jamás
tales hechos, aunque es posible que el tarot formara parte
del libro de Thot. No en vano estas cartas, como en otras
tantas artes adivinatorias, representan en sí una cosmogonía,
el secreto de la formación del universo. Así, según sean
unos u otros los naipes que salgan en el juego, tendremos
a nuestro favor o en nuestra contra determinadas fuerzas

de la naturaleza. Desde el siglo XVIII hasta nuestros días, doscientos años de silencio. Si el conocimiento de este libro reposa en alguna biblioteca oculta, su dueño prefiere mantener sus secretos a buen recaudo.

El primer mago

Si el esplendor de Egipto tiene un comienzo claro, éste es en el año 2700 a.C. con la construcción de la ciudad de Sakkara. Esta es la primera vez que el hombre construye una gran urbe en piedra, y lo increíble es que el grado de perfección alcanzado es inigualable. Pero lo más fascinante es que, tras este hecho sorprendente, no se encuentra un lento proceso de evolución y comprensión de los elementos,

La leyenda de la poderosa magia egipcia mantiene sus influencias en el esoterismo moderno. En esta foto Aleister Crowley, uno de los ocultistas más famosos del siglo XX.

Las figuras de los dioses presiden gran cantidad de monumentos egipcios. Para muchos la magia de estos lugares continúa viva, ya que el poder de estas siluetas es intemporal.

sino tan sólo un nombre propio, el de Imhotep, que significa "el que viene en paz". Primer arquitecto e ingeniero de la Historia, también administrador y médico pero, sobre todo, mago, es una de las pocas personas del antiguo Egipto que fue encumbrada a la categoría de dios. Al principio, su nombre estuvo tan mezclado con la leyenda que fueron muchos los arqueólogos que lo tomaron como un ente divino, negando que fuera una persona de carne y hueso como cualquier mortal. Esta polémica no concluyó hasta 1926 cuando se halló, en las cercanías de Sakkara, una estatua del faraón Zoser, en cuya base estaban inscritos los títulos y el nombre de Imhotep.

Es difícil conocer con exactitud cuáles son todos los avances que la sociedad egipcia le debe a este singular

Figurilla utilizada en rituales mágicos. Pequeñas estatuas como ésta se usaban para atraer hasta ella poderes mágicos gracias a los conjuros escritos y grabados que la adornan.

personaje cuyo nombre ha resurgido de nuevo gracias a la magia del celuloide.

Una puesta en escena que no ha hecho más que recubrirlo de un halo fantástico, aún más si cabe, del que originariamente tuvo. Para que nos hagamos una idea de su importancia histórica, valga un simple ejemplo. Uno de los logros que se le reconoce es el de la mejora de la escritura gracias a la invención de una tinta más eficaz, hecha a base de ahumar agua. Esta innovación fue incorporada más tarde por otras culturas, y así los amanuenses griegos, cuando realizaban la mezcla que les permitía escribir, vertían la última gota de tinta en honor a Imhotep.

Incluso entre los egiptólogos modernos su nombre despertó gran fascinación y respeto. El arqueólogo Jean

Philipe Lauer, por ejemplo, dedicó cuarenta y dos años de su vida a reconstruir la pirámide escalonada de Zoser y sus templos adyacentes, obra del fabuloso mago. Tal y como comentó: "Cuando me di cuenta de su importancia, el primer edificio del mundo construido en series niveladas de piedras y diseñado por Imhotep, el Miguel Ángel de la época, resolví consagrarme a esta obra". Del estudio exhaustivo que realizó salieron varios datos enigmáticos que nos hacen plantearnos cuál era la verdadera función de las pirámides. Tras mucho esfuerzo, pudo llegar por fin a la cámara del faraón, que no era más que un pozo de treinta metros de profundidad cuyas paredes finales eran de granito, el lugar que debía albergar el sarcófago. Pero desde esta cámara salían nuevos pasadizos, que se hundían más en el subsuelo del desierto para terminar en nuevas habitaciones excavadas en la roca, cuya función todavía se ignora. Este dato, además de crear más desconcierto sobre las verdaderas intenciones de Imhotep al construir un edificio de tales características, pone de manifiesto la posibilidad de que en algunas pirámides queden cámaras por descubrir, como más adelante comentaré en otros capítulos.

La personalidad y el ingenio de este hombre polifacético nos acercan a ese tiempo donde la magia era un instrumento al servicio de los grandes iniciados, conocedores de un saber que no por primitivo deja de ser espectacular, tal y como sus logros nos demuestran. Pero no nos engañemos, en aquella época el significado de la magia y su función se confunde con lo que hoy en día llamaríamos tecnología, pues la ciencia en ese momento estaba inseparablemente ligada a lo sagrado. Y es gracias a Imhotep que los sacerdotes del antiguo Egipto fueron los garantes del saber, un conocimiento que, en gran parte, proviene de esa época tan fascinante y remota.

De igual forma eran magia para el pueblo los poderes que el gran sacerdote y constructor demostraba curando a los enfermos. Y es que la medicina obtuvo resultados espectaculares en el país del Nilo.

De esta manera no sólo los egipcios, sino también los griegos y los romanos recorrían grandes distancias para llegar a las afueras de Menfis, donde los discípulos de Imhotep realizaban curas a los enfermos. En un edificio mitad templo y mitad sanatorio, consagrado al nombre de su constructor, la ciencia, la magia y la religión se daban la mano para salvar vidas humanas mezclándose las oraciones en memoria del gran arquitecto con las

La pirámide escalonada de Zoser, obra cumbre del mago, médico, arquitécto y sacerdote Imhotep, un hombre que llegó a ser dios por méritos propios.

pócimas que los sacerdotes médicos daban a los presentes. El edificio sagrado en cuestión recibió el nombre de Asclepion, que le fue impuesto en tiempos de la dominación griega. Le pusieron la denominación de su propio dios de la medicina, como si de esta forma usurparan para sí los asombrosos conocimientos de los que eran testigos. En este lugar que, por desgracia, nunca se ha encontrado, se desarrolló la escuela de medicina más importante de la antigüedad, asombrosa e inexplicablemente basada en las enseñanzas de un solo hombre. Allí se emplearon sustancias como el azufre, el arsénico, el alumbre..., creando, en total, más de setecientas fórmulas que eran empleadas para la cura de diversas dolencias. No es de extrañar, por tanto, que Imhotep fuera declarado dios de la medicina en el siglo VI a.C., y que pequeñas figurillas suyas a modo de exvoto hayan sido encontradas en los más diversos lugares.

Sobre su tumba nada se sabe, y sus restos jamás han sido hallados. Es más, ni tan siquiera existe una escueta mención sobre su muerte. Quizás porque la sociedad se resistió a perder un talento tan brillante. Hoy sólo nos queda recordarlo con admiración, y cierto es que no existe mejor método para explicar cuál era el verdadero alcance de la magia hace miles de años que conocer su vida y obras, pues cualquier tipo de conocimiento, aunque sea considerado fabuloso, debe tener una vertiente práctica palpable.

Eso es, en realidad, la magia, el revestimiento sagrado que se le daba en la antigüedad a la ciencia, unos conocimientos que, en manos de unos privilegiados, tomaban el calificativo de sobrenaturales.

Los hijos de la luz

Pero los poderes del mago no sólo estaban relacionados con lo que hoy podríamos denominar ciencia. Unida intrínsecamente con la religión, como comenté al principio de este capítulo, la espiritualidad era la función básica que tenía que prodigar el mago, y para ello era preparado desde el primer momento.

Así, los aspirantes a esta profesión debían pasar severas pruebas que no dependían de sus conocimientos, sino de sus aptitudes. La intuición y el valor eran las cualidades fundamentales que tenían que demostrar los que pretendían llegar a ser iniciados. El mago era, sobre todo, un hijo destacado de Isis, la gran diosa madre, y es por ello que podía percibir las energías sutiles que nos rodean, comprendiendo que todo lo que ocurre en la tierra tiene una versión en el más allá.

Las fuerzas que nos rodean están en equilibrio, pero continuamente hay desajustes que es preciso arreglar. Por ello, a la hora de curar una enfermedad no basta con administrar una pócima; el que la suministraba debía operar también en los mundos paralelos, pues allí se habían producido los desarreglos causantes de la dolencia que se manifestaba en el plano físico. Para ello, era imprescindible el poder de la palabra, pues mediante ella podían comunicarse los hombres con los dioses.

Y no sólo eso: las palabras encierran también la esencia de todas las cosas. Hasta tal punto era firme esta creencia en el antiguo país de los faraones, que cuando los egipcios salían de su patria jamás pronunciaban su verdadero nombre, pues pensaban que los extranjeros podían hacerse con su alma mediante sortilegios si tenían acceso a esta información.

En las ceremonias de iniciación, en que se declaraba mago al adepto, éste guardaba silencio frente a los que serían sus maestros, con la espalda encorvada como señal de respeto. En estos ritos, el adepto se identificaba con los cuatro puntos cardinales para que, de esta forma, tuviera lugar su fusión con la energía que nos rodea, única forma de operar en otros planos de la realidad. La adquisición de los conocimientos vendría más tarde, ya que todo puede ser aprendido, salvo las cualidades necesarias para ser escuchado por los dioses. Es muy probable que en este tipo de ritos se consumieran drogas, ya que, de esta forma, el iniciado podría enfrentarse por primera vez a

El anj o llave de la vida fue un amuleto básico para la cultura egipcia. Éste que ofrecemos en la imagen fue hallado como parte del ajuar funerario de Tutmosis IV.

los demonios. La única forma de vencerlos era mediante la confianza en uno mismo, pues si el candidato era el adecuado, su arrojo estaría refrendado por entidades superiores. Sólo invocando a estos poderes se hace posible que el mago pueda actuar. Él no tiene la fuerza, tan sólo es capaz de canalizarla. Tal y como nos revelan algunos sortilegios empleados: "No soy yo quien dice esto, no soy yo quien lo repite, sino que es el dios quien dice esto, y es seguramente el dios quien lo repite". Además de con las palabras, el mago se ayudaba también con movimientos y gestos realizados con diferentes partes de su cuerpo, pues cada una de ellas representaba un dios. Atum es el ojo derecho, Horus el izquierdo, sus labios son parte de Isis y Nephtis, sus vértebras son Geb y en su vientre reside el poder de Nut. De ahí que, conceptos tan arraigados en nuestra cultura occidental como el del "mal de ojo", provengan de tan lejanas tierras. Y es que la magia puede utilizarse indistintamente para hacer el bien o el mal. Para los antiguos egipcios, se podía desencadenar la tragedia sólo con la mirada, pues en nuestros ojos existe una gran potencialidad que puede ser utilizada de muy diversas maneras.

Otro de los elementos importantes, no sólo en las ceremonias de iniciación sino también en la vida cotidiana, eran los sellos y amuletos. Los sellos reales son utilizados desde la primera dinastía, y en contra de lo que pensamos no tenían como función dar oficialidad a los documentos. En ellos aparecían signos sagrados y, mediante estos símbolos, se ratificaba la decisión del faraón, que al dar su palabra lo hacía con todas sus consecuencias, entendiendo que tal acto podía tener efectos impredecibles en el futuro, hechos a los que habría que enfrentarse con todo el arrojo que sólo poseía un rey de Egipto. Han sido muchos los utilizados durante milenios, aunque quizás los más conocidos sean los que tenían forma de escarabajo, signo que representaba el destino. Su fama fue tal que, desde hace siglos pudieron verse por media Europa, sin que en nuestro continente se tuviera conocimiento de su verdadero significado.

Respecto a los amuletos, eran primordiales incluso en la ceremonia de iniciación, pues el mago no era considerado como tal hasta que no le eran impuestos los "amuletos de Heliópolis", la ciudad sagrada del sol y de la magia. Este tipo de objetos era también utilizado para combatir diversos males o para atraer la buena suerte, aunque su utilización está documentada miles de años atrás en multitud de culturas anteriores a la egipcia. Es más, posiblemente en el país de los faraones se recogieron influencias de lugares lejanos como Afganistán, y de otros mucho más próximos como son las tierras del Sahara, donde las tribus bereberes tienen tradiciones al respecto que se remontan hasta un tiempo inmemorial; aunque el uso primordial de los amuletos en Egipto se daba a la hora de la muerte, pues el cadáver se recubría con ellos antes de la momificación, en la creencia de que el alma del difunto podría abrir con su ayuda las puertas del más allá.

El mago era, sobre todo, alguien que poseía poderes especiales, con cualidades vedadas al resto de los mortales. Su ayuda viene especialmente de Ra, pues su luz es la que disipa las tinieblas y combate todos los males. El iniciado viene a ser un prisma que proyecta esta potente luz sobre lo que le rodea, aumentando su intensidad para combatir los problemas que martirizan a los hombres. De ahí que todos los magos poseyeran el akh, un vínculo que los unía directamente con el cielo, de donde tomaban la energía para cumplir su labor. Y es por ello por lo que hoy en día se conoce como "iluminados" a todos los que afirman mantener un vínculo especial con fuerzas superiores, rememorando la cualidad principal de los magos egipcios. La supuesta capacidad de irradiar una luz divina con suficiente poder como para operar sobre lo que nos rodea.

Hoy en día, por desgracia, toda esa magia se ha perdido, y aunque son muchos los falsos gurús que afirman poseer estos conocimientos perdidos, en realidad no suelen ser más que caraduras con ansia de apropiarse de lo ajeno.

La magia egipcia, sin embargo, fue bien distinta, y en ella se aglutinaron unos conocimientos con un arraigo cultural y antropológico muy importantes, que fueron fundamentales en el desarrollo humano de todo un pueblo.

Capítulo 4

El mensaje oculto
de la gran pirámide

*S*iete maravillas existieron en el mundo antiguo, siete proezas que el hombre jamás podrá igualar. Seis de ellas marcaron el pasado de la Humanidad: los jardines colgantes de Babilonia, la tumba de Mausolo, el templo de Diana, el Coloso de Rodas, la estatua de Júpiter Capitolino y el faro de Alejandría. Pero una de ellas ha sobrevivido para asombro y desconcierto de aquellos que piensan que el poder del hombre se mide con cualquier cosa que no sea su inteligencia. Una silueta orgullosa que desde hace milenios se alza inmortal en medio del desierto: la Gran Pirámide.

Muchos, cómo no, han sido los que han querido destruirla. Al Mamun le quitó su recubrimiento a base de golpes y toneladas de vinagre hirviendo. Más tarde, por la fuerza, intentaron desvelar sus secretos, primero violando

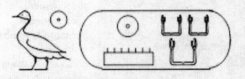

Sello de Micerinos.

sus muros, luego dinamitando sus entrañas. Pero ella, vieja y cansada de tanta barbarie, continúa ahí; ocupando su majestuoso trono, continúa mirándonos desafiante; riéndose de tanto ignorante que, mediante la fuerza, quiso desvelar lo que sólo la sabiduría puede. Y es que el hombre tiene la fea costumbre de atacar lo que no entiende. Desde siempre, hemos intentado destruir lo incomprensible sin analizar el problema de fondo. Lo que no entendemos no es abominable ni monstruoso; es, sencillamente, diferente. Pero nos da miedo reconocer nuestra ignorancia, afrontar que, ante algo que podemos tocar y ver, no tenemos respuestas.

Los enigmas de la Gran Pirámide

Ella es distinta a cualquier otra cosa que la mente humana haya ideado jamás. Ciento cuarenta y siete

Cuando los hombres de Al Mamun llegaron hasta la cámara del rey no hallaron en ella absolutamente nada. ¿Fue saqueada por tanto la tumba, o simplemente no ha sido hallada todavía la última morada del faraón?

metros de altura y más de dos millones y medio de bloques de piedra. Y lo más importante, gran cantidad de secretos que todavía se mantienen intactos bajo sus castigadas piedras. La Gran Pirámide de Gizeh es un inmenso enigma a la vista de todos, del que se han escrito miles de libros y que se resiste a contarnos su sentido más elemental. ¿Quién la construyó? ¿Cuándo? Y, ¿para qué?

No hay datos definitivos que nos indiquen claramente quién fue su arquitecto, y menos su promotor. Las únicas "pruebas" que existen para la Arqueología oficial acerca de la paternidad del monumento son las que aportó el viajero griego Herodoto. Fantasioso y poco metódico, como quedó patente en el primer capítulo de este libro, el intrépido heleno reflejó en sus textos que el faraón que la había construido fue Keops. Sin embargo, su testimonio no coincide con ningún otro de los aportados por el resto de cronistas e historiadores antiguos. Para el erudito árabe Makrazi es al desconocido rey Surid al que habría que atribuirle la construcción de la Gran Pirámide. Otros más antiguos, como Abd al Latif, comentan que incluso en la fachada de la gran mole de piedra se podía apreciar la marca que las aguas del diluvio habían dejado. Algo que nos puede parecer increíble, salvo por las pruebas geológicas realizadas recientemente en la Esfinge de Gizeh, que pondrían de relieve una mayor antigüedad en algunas de las construcciones egipcias, y de las que hablaremos en el próximo capítulo.

Pero si su paternidad y su verdadera edad son un enigma, no lo es menos su posible función. A todos los viajeros y turistas que llegan hasta la zona se les explica detalladamente que la gran mole que tienen ante sí es

La Gran Pirámide de Gizeh y la inconfundible Esfinge, una postal
conocida por su belleza en todo el mundo.

una tumba real. Sin embargo, esta afirmación no es nada
clara. El califa Al Mamun llegó con una expedición, en el
año 820 d.C., dispuesto a ser el primero en desentrañar
los secretos del conocido monumento, movido por las
leyendas que afirmaban que en su interior se encontraban
escondidas en un gran archivo todas las ciencias antiguas.
Primero, quitó el recubrimiento exterior de mármol a
base de prender enormes hogueras que resquebrajaban la
piedra; después, toneladas de vinagre, enormes martillos
y palancas hacían el resto. Una vez quitada la "cáscara",
el incansable monarca excavó un túnel y fue el primero
que llegó hasta las entrañas de la pirámide. Sus impacientes
ojos fueron los primeros que escudriñaron la gran galería,
la cámara de la reina y la cámara del supuesto rey. Pero el
poderoso califa no encontró absolutamente nada, sólo
polvo, moho e insectos. Si allí hubo alguna vez algún
faraón enterrado, no se halló ni tan siquiera un pequeño
trozo de cerámica de su fabuloso ajuar. No había

frescos, ni dibujos adornando su lecho, tan sólo la fría e inerte piedra.

Al Mamun se fue de allí con las manos vacías, y sus hombres sin el botín prometido, aunque sí aportaron un dato clarificador para la Historia. Aquel monumento podía ser cualquier cosa menos una tumba. El ajuar funerario de un faraón de gran categoría estaba compuesto por miles de objetos, gran cantidad de oro, de joyas preciosas, etc. Y el problema no fue que el califa, siendo el primero en entrar no encontrara el fabuloso tesoro, sino que no encontró ni tan siquiera los restos del posible saqueo. Este desconcertante dato, aunque nos sorprenda, puede hacerse extensible al resto de pirámides egipcias, pues en ninguna de ellas se ha encontrado jamás cadáver alguno. Cuando en 1951 el arqueólogo Zacarias Goneim rompió ante varios testigos los intactos sellos de la pirámide de Sekhemjet, estaba convencido de que en su interior había también un gran tesoro. Pero, al igual que le ocurrió al califa siglos atrás, sólo halló polvo y oscuridad.

¿Cuál puede ser, entonces, la función del enigmático monumento y la del resto de obras egipcias similares? La respuesta no es en absoluto fácil; aunque en lo concerniente a la Gran Pirámide en sí, hay datos que nos llevarían por otros derroteros. Ya en el siglo V d.C., el filósofo Proclo afirmó que el gigantesco monumento era un observatorio astronómico, y parte de razón no le faltaba. Una de las curiosidades que, de forma objetiva, se pueden observar en la Gran Pirámide es que, sobre sus paredes, y a pesar del deterioro, se marcan los equinoccios. Justo cuando sale el primer rayo de sol en las fechas mencionadas, se puede observar lo que los expertos denominan "efecto relámpago". Durante unos segundos, la pirámide parece tener ocho caras en vez de cuatro. Efecto, a buen seguro, más palpable cuando sus caras estuvieron intactas.

Parece claro que la Gran Pirámide está condenada a que, sobre ella, se originen discusiones bizantinas que no llevan a nada. Y, mientras los científicos, los eruditos y los arqueólogos de medio mundo debaten para ver si arrojan luz sobre alguno de sus múltiples enigmas, ella sigue ahí, impasible, sabedora de que sus verdaderos secretos están todavía por descubrir.

Crónica de un engaño

Mientras ella nos mira irónica, rodeada de controversias, el porqué de tanta polémica parece, por el contrario, bien fácil: la ausencia "casi total" de escritura en la Gran Pirámide hace que su pasado sea completamente oscuro para los que ahora nos enfrentamos a sus misterios. He dicho bien, "ausencia casi total", ya que en las cámaras de descarga (justo encima de donde estaría enterrado el rey), sí existen algunos cartuchos, que en un principio podrían ser la marca del faraón que construyó esta gran obra. Al menos, eso ha intentado decirnos hasta ahora la arqueología oficial, aunque si analizamos bien estas inscripciones y las circunstancias que se dieron alrededor de su descubrimiento, nos damos cuenta de que su paternidad es realmente oscura.

Fue el 12 de febrero de 1837 cuando el coronel Howard Vyse entró en la Gran Pirámide en compañía del ingeniero británico John Perring. Ambos descubrieron

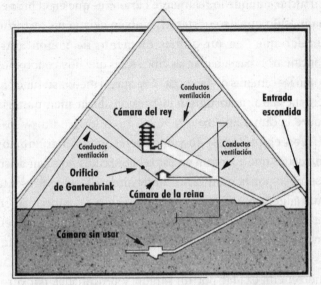

Uno de los orificios de ventilación de la cámara de la reina.
Las pruebas realizadas por el ingeniero Rudolf Gantenbrink
demostraron que tras él se oculta una nueva puerta todavía sin abrir.

una grieta de algo más de noventa centímetros justo
encima de la cámara del rey; lo cual inducía a pensar en
la existencia de más habitáculos por descubrir. Sin dudarlo
ni por un instante, el veterano militar utilizó pequeñas
cargas de pólvora para hacerse un hueco hasta llegar a la
base de una nueva cámara. Pero en ese momento, sin
causa justificada, Vyse despidió a Perring y contrató a
J.R. Hill, un amañador de una fábrica de cobre local.
Cuando ambos entraron por primera vez, la decepción
fue total, ya que en esta nueva cámara no había absolutamente nada. Continuaron dinamitando en sentido
ascendente, y en la segunda sala que apareció sí encontraron
un jeroglífico alargado, encerrado dentro de una caja o

cartucho; aunque lo realmente curioso es que en el primer habitáculo que descubrieron también existía un cartucho similar, que "en un primer momento no vieron". Así continuaron hasta hallar las cinco salas que hoy conocemos como las cámaras de descarga. Y es que, al menos su función, sí esta clara: amortiguar la presión de la mampostería sobre la cámara del rey.

Los egiptólogos que han investigado a fondo los cartuchos que aparecen en estos habitáculos no salen de su asombro por la gran cantidad de anomalías que presenta su traducción, a pesar de lo cual muchos se empecinan en su autenticidad. Para comenzar, los nombres que aparecen en los famosos cartuchos son dos, Khnem-Khuf y Khufu. Esto empujó a algunos estudiosos a afirmar que las obras fueron empezadas por un faraón y terminadas por otro, aunque no hay constancia alguna de la existencia de un rey llamado Khnem-Khuf. Pero hay algo aún más grave, y es que el supuesto cartucho en que aparece el nombre de Khufu comienza con un círculo señalado con un punto en el centro, que es el símbolo egipcio correspondiente a Ra, dios del sol; con lo que su lectura correcta sería Raufu. A este respecto sí que no hay duda alguna, jamás un escriba hubiera utilizado el nombre de Dios, ya que esto suponía una herejía, y menos hubiera osado un faraón llevarlo como parte de su nombre propio.

Así, la solución correcta para todo este embrollo parece ser la propuesta por el investigador Zacharia Sitchin, que está convencido de la falsificación por parte de Vyse de estos cartuchos. Para ello, sólo hay que pensar que el conocimiento de los jeroglíficos egipcios en 1837 era todavía muy limitado y apenas existían libros donde se tratara este tema (la Piedra de Rosetta se descubrió en 1799). La publicación de una nueva obra sobre escritura egipcia *Manners and customs of the Ancient Egyptians*, en los días del descubrimiento de las cámaras de descarga provocó las rectificaciones en las salas superiores. Aún así, las "faltas de ortografía" son de tal magnitud que cualquier iniciado en la lectura de antiguos jeroglíficos las descubriría con sólo echarles un vistazo.

Una clave, a la vista de cualquier visitante.

La Gran Pirámide parece empeñarse, pues, en mantenernos ocultos todos sus secretos, pero aunque los arqueólogos ortodoxos no le presten ningún valor, sí

El tetragrama de la Gran Pirámide, cuatro signos donde puede hallarse la clave para entender la verdadera función de este monumento.

Uno de los colosos de Mennón, cuyo peso supera las setecientas toneladas; una obra de ingeniería inalcanzable, en principio, para un pueblo primitivo.

existe en ella un testimonio escrito. La razón por la cual prácticamente nadie ha tomado en serio esta inscripción es que sus letras no se corresponden con las empleadas por los antiguos escribas, aunque no por ello deja de estar ahí. La inscripción a la que nos referimos se encuentra situada justo encima de la puerta original de la Gran Pirámide, rodeada por el gigantesco dintel que enmarca la entrada del monumento. Está formada por cuatro letras que son, de izquierda a derecha: una V, un círculo partido por una línea transversal, tres rayas horizontales en paralelo y, al final, otro círculo partido por dos líneas verticales.

Mucho se ha especulado sobre el autor de estos cuatro signos, y las teorías van desde que sea simplemente una broma, hasta que pueda ser una señal de habitantes de otro planeta. Toda esta controversia no es de extrañar, ya que en Egipto no existen símbolos similares a los que podemos observar en este famoso tetragrama. Pero no por ello debe ser, como afirman algunos, falso.

Simplemente, debemos internarnos algunos cientos de kilómetros en el desierto del Sahara para observar multitud de inscripciones similares a la que ahora nos ocupa. Las incursiones egipcias por esta zona eran relativamente frecuentes, no sólo por motivos comerciales, sino también, en ocasiones, empujados por un móvil mágico religioso. Así lo han puesto de manifiesto las recientes investigaciones realizadas por Giancarlo Nero y Vincenzo de Michele, tras analizar la máscara funeraria de Tutankamon. Después de concretar su composición, concluyeron que parte de los materiales que la formaban provenían del Gran Mar de Arena, un desierto situado al

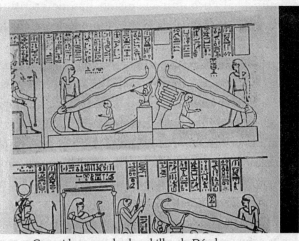

Conocidas como las bombillas de Déndera,
este grabado nos muestra "de una forma clara" la posibilidad
de que los egipcios conocieran la electricidad, y que de este modo
iluminaran el interior de los templos.

En las bellas pinturas que adornan
los colosales monumentos egipcios jamás se encontró
resto alguno de herrumbre, quedando patente que no utilizaron
la luz de antorchas o lámparas para alumbrarse.

sur de la actual Libia; un territorio, por otra parte, en que
es muy fácil encontrar el mismo tipo de escritura que
aparece en la puerta de la Gran Pirámide. Hace ya algunos
años, varios investigadores descubrieron que las letras
pertenecían a antiguos alfabetos libios. Se sacaron las
valencias correspondientes de las cuatro letras, pero para
su traducción se empleó el copto, que nada tiene que ver
con el sahariano antiguo, alfabeto en que está escrito el
tetragrama. Hace ya tiempo que anduve tras su posible
significado, utilizando para ello un diccionario de raíces
de tamazigh, nombre genérico que se les da a las lenguas
bereberes, escrito por Miloud Taifi.

El sahariano antiguo es un alfabeto que se creó, según
las teorías oficiales, hacia el 2000 a.C., pero recientes
descubrimientos sitúan su nacimiento hace 6000 años en
la zona de Tassili, al sudoeste de Argelia; lo que le otorga

el honor de erigirse en la primera escritura de la Humanidad. Ello hace que sea perfectamente posible qué el tetragrama de la Gran Pirámide sea original desde su construcción, convirtiéndose así en el único mensaje escrito que porta la última maravilla del mundo antiguo.

La traducción de los cuatro signos no es fácil, ya que pueden leerse de derecha a izquierda o viceversa. Además, nadie sabe a ciencia cierta cómo eran las palabras de un idioma que se hablaba hace miles de años. Pero sus raíces han quedado impresas en las actuales lenguas bereberes del norte de África, y es utilizando estos embriones como se puede llegar hasta el significado original.

Las valencias de la inscripción, de izquierda a derecha, son las letras D, B, Q, y B. Éstas forman dos palabras cuya

El obelisco inacabado de Asuán cuyo peso ronda las mil doscientas toneladas. ¿Cómo pensaban moverlo? ¿Qué finalidad tendría? Son dos incógnitas todavía pendientes de solución.

Las hipótesis tradicionales que explican la construcción
de los monumentos egipcios a base de fuerza bruta,
rodillos y cuerdas no han sido hasta ahora satisfactorias.

raíz es DB y QB; los fonemas que se obtienen tras esta operación son "dabba" e "iqbut". La primera de las palabras significa "cuidar", o la expresión coloquial "tomarse las cosas como vengan". La segunda palabra, "iqbut", sí es del todo significativa, ya que su traducción literal sería "cúpula que recubre la tumba de un hombre santo". Para comprender el verdadero sentido de estas palabras debemos entender que los significados del diccionario antes mencionado están hoy en día islamizados, ya que la actual religión bereber es la mahometana. Pero si extrapolamos su significado a hace miles de años, podemos obtener la conclusión de que alguien semidivino, o al menos adorado como tal, fue enterrado en la Gran Pirámide.

Esta deducción no parece, en principio, relevante, y muchos de ustedes pensarán que el faraón en sí mismo era adorado como un Dios, pero si analizamos con detalle

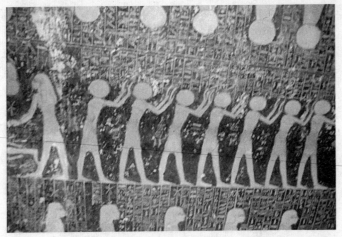

Representaciones como esta han provocado
que algunos investigadores vean la solución a la increíble
tecnología egipcia en la ayuda de seres de otro planeta.
Una explicación harto difícil de demostrar…

la traducción sí obtenemos un dato crucial. En ella se
habla de la "cúpula que recubre la tumba de un hombre
santo", haciendo tácita referencia a que la sepultura de
este ser se encuentra muy cerca de la cúspide del monumento, lugar al que todavía no se ha llegado.

De todas formas, éste no es, ni mucho menos, el único
dato que nos induce a pensar en la existencia de más
cámaras sin descubrir. Muchas de las personas que han
escalado hasta la cúspide del coloso de piedra han afirmado
haberse topado con ratones.

Ni que decir tiene que, debido a la gran cantidad de
visitas que tiene anualmente, además de para su perfecta
conservación, el monumento está completamente desin-
sectado y desratizado.

¿Cómo pueden, entonces, los pequeños roedores trepar
interminables filas de piedras, muchas de ellas de casi

dos metros de alto, hasta tan descomunal altura? Pero hay otro dato más clarificador que está fuera de la mera conjetura: la investigación llevada a cabo por el ingeniero Rudolf Gantenbrink en el año 1993 puso de manifiesto la existencia de nuevas cámaras, siguiendo los canales de ventilación de la Cámara de la Reina. Introduciendo un pequeño robot que bautizó con el nombre de Uauput, el dios egipcio de los caminos, pudo fotografiar una minúscula puerta con dos pomos. Demasiadas coincidencias como para pensar que todo está ya descubierto dentro del monumento más visitado de la Tierra.

Por tanto, no creo sorprender a nadie al afirmar que quedan habitáculos por salir a la luz dentro de la Gran Pirámide, ya que, al igual que un servidor, opinan gran número de científicos y arqueólogos. El único dato de

Los trépanos realizados en algunas rocas
–algunas tales como el granito rojo, de extrema dureza–
parecen indicar la utilización de alguna herramienta desconocida
para nuestra moderna ciencia.

importancia que daría la traducción del tetragrama antes mencionado es que en estas cámaras debe de hallarse la tumba de alguien cuya identidad desconocemos…

El misterio de los nubios

Aunque la paternidad del tetragrama no está realmente clara, sí que existió un pueblo que convivió durante miles de años con el egipcio y que pudo estar directamente relacionado con esta inscripción, ya que varias de sus tribus hablaban bereber.

Entre Asuán, en el sur de Egipto, y Jartúm, en Sudán, se extiende el tórrido desierto de Nubia, conocido por romanos y griegos como "la tierra de las caras quemadas"; más comúnmente llamado en la antigüedad el país de Kuhs.

La conexión de Nubia con Egipto se remonta a los mismos orígenes de esta civilización, aunque vivieron directamente bajo el dominio de sus vecinos del norte a partir del primer milenio antes de Cristo. Su relación fue siempre una mezcla de amor y odio, guiada por la ambigüedad hasta límites enfermizos. Así, los escribas egipcios no escatimaban adjetivos como "miserable" y "derrotado" cuando hablan de Kuhs, e incluso algunos faraones llevaban sandalias con imágenes de nubios en la suela, para recordarles su humillante derrota. Sin embargo, los príncipes de esta etnia se formaban en la corte de las orillas del Nilo, y sus vecinos del norte no dudaban en bajar hasta los templos de Filé para adorar a la diosa de la fertilidad, Isis.

Fueron, sin duda alguna, los aspectos mágicos de su cultura los que provocaron el respeto de los egipcios y del resto de pueblos que los rodeaban. Sus centros religiosos, aunque de menor valor arquitectónico que los situados más al norte tenían, por el contrario, un valor simbólico incalculable. No en vano, la dinastía de los Ptolomeos extendió el culto a Isis por todo el Mediterráneo, después de contemplar admirados la adoración nubia a la generosa diosa de tez oscura. Pero si hubo al sur de Egipto un lugar donde magia y religión convivieron cogidas de la mano este fue la montaña de Jebel Barkal, considerada la morada de Dios. Aquí, las estatuas de piedra de los dioses tomaban vida, decidiendo quién sería rey por la gracia de Amón, o al contrario, condenando incluso a muerte a aquellos soberanos que se habían alejado del camino marcado por las diferentes divinidades.

Aunque en la antigüedad destacó el aspecto mágico de su cultura, como recogió entre otros Diodoro de Sicilia, sus artes y ciencias lograron también una gran fama. Así, alrededor del siglo III a.C., crearon su propio alfabeto, el merohítico, que continúa aún sin descifrar. Los filólogos han llegado a conocer el valor fonético de sus 23 signos, pero todavía no conocen el significado de sus palabras. En su abecedario podemos observar algunas letras de sahariano antiguo mezcladas con otras de creación propia; pero esto no impide que miles de años antes algunos de sus eruditos pudieran dominar este alfabeto siendo, por tanto, los autores del tetragrama de la Gran Pirámide.

Su cultura, derivada originalmente de la bereber, era muy distinta de la egipcia. En sus estructuras sociales la mujer tenía un gran peso, al contrario que en el país de los faraones. Sus reinas tenían el título de kandakes, y su papel no era el de mera consorte, sino que jugaban un rol

Brazalete en el que se puede ver el ojo de Isis.
© Creativos Multimedia.

destacado incluso en la guerra. Convocaban a los ejércitos y sus incursiones se hicieron célebres en todo el mundo antiguo. La más famosa de entre todas ellas fue Dodekaschoenos, que expulsó a las tropas de Roma en el año 24 a.C. El mismo Estrabón la definió como "un tipo de mujer muy masculina" y no es para menos, ya que además de su fuerte físico le faltaba un ojo y gustaba de ejecutar ella misma a los prisioneros capturados en la batalla.

Al igual que los antiguos egipcios, los nubios erigieron gran cantidad de pirámides que todavía pueden observarse en el norte de Sudán. La más grande es la de Taharka, con 50 metros de altura; y aunque sus logros en la arquitectura fueran menores, la entrada hasta ellas se convirtió en un rompecabezas que no se pudo descifrar hasta 1916. Fue concretamente el arqueólogo George A. Reisener el que descubrió una entrada que le abrió la puerta a todas ellas, ya que ante el asombro del investigador todas estaban comunicadas entre sí por un laberinto subterráneo.

Por desgracia, en 1963 la presa de Asuán se tragó una gran cantidad de restos arqueológicos que hoy podrían darnos datos cruciales sobre quiénes fueron realmente los nubios y cuál fue su verdadero origen. Hasta tal punto era rica esta zona hoy sumergida, que a Rex Keating, uno de los encargados de la UNESCO que estuvo al frente de las obras de salvamento, se le hundió una de las patas de su silla en una tumba mientras cenaba en el desierto. Sea como fuere, y aunque el progreso no distingue a la hora de tragarse nuestro pasado, sí que hay un dato bastante relevante; los nubios fueron, sin lugar a dudas, por su posición estratégica, la antigua llave del continente africano.

Casi con toda seguridad, fue su ubicación en un territorio de frontera lo que los convirtió en un pueblo especial, que recogió influencias de todos sus vecinos. No es de extrañar, por tanto, que estuvieran implicados en parte de la simbología mágica de la última maravilla del mundo antiguo, máxime cuando, gracias a este aspecto, se hicieron respetar en todo el Mediterráneo. Sobre las sorpresas que todavía nos guarda la Gran Pirámide, será el tiempo el que nos dé o no la razón.

Capítulo 5

La Esfinge,
el león perdido

*E*s la estatua más grande y famosa del mundo antiguo. Su impasible mirada ha visto desfilar a reyes, mendigos, locos, curiosos, intrépidos viajeros e incluso a toda una corte de arqueólogos y científicos que todavía continúan discutiendo acerca de su origen y significado. Su rostro fue injustamente castigado por los mamelucos, que no encontraron en todo el desierto mejor blanco para su fuego de artillería. Y es que, como siempre, los necios no son capaces de pasar por la Historia sin dejar una huella de su estúpida existencia.

Inspiró a poetas y a soñadores, y su inconfundible figura fue reproducida hasta la saciedad en los añejos salones de la decadente aristocracia europea, como si la magia de su pose fuera capaz de devolverle a la rancia

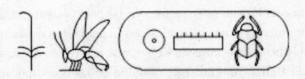

Sello de Tutmosis III.

nobleza el esplendor de siglos atrás. Un vigilante león con la cabeza de un hombre. Su aparente simplicidad no es más que el engaño de un misterioso constructor que nos legó en ella gran cantidad de secretos que están todavía por ver la luz. Mucho más pequeña e insignificante que sus descomunales vecinas, las pirámides de la Meseta de Gizeh, ha sido capaz de cobrar tanta o más fama que ellas. Quizás porque su imperturbable mirada evoca un tiempo en que la leyenda, más que real, era, incluso, cotidiana.

El oscuro padre del felino

El sol, como siempre en estas latitudes, era abrasador. Pero entre nubes de polvo y una capa de sucio sudor, el aventurero infatigable seguía cavando para descubrir el cuerpo del inerte gigante. El paso inexorable del tiempo y la fina arena habían enterrado hace muchos siglos al león, cuyas garras de nuevo veían la luz. Fue exactamente en 1816 cuando Caviglia excavó por primera vez en la era moderna la gigantesca estatua, sacando a la superficie una buena cantidad de antiguos secretos.

Para todos los egiptólogos ortodoxos hay que atribuir la paternidad de la Esfinge al faraón Kefren, constructor también de la segunda de pirámide más grande de Gizeh. Las pruebas para asignar la autoría de la gigantesca estatua a este antiguo rey son, por un lado, una estela erigida por Tutmosis IV que se encuentra en las patas delanteras del monumento, y por otro, el parecido del rostro del felino con la faz de la estatua de Kefren que se haya en el museo de El Cairo. Sin embargo, ninguna de las dos supuestas pruebas resulta, ni mucho menos, concluyente.

La primera de ellas, la estela de Tutmosis IV, tiene tras de sí una historia bastante sorprendente. Según nos relata la inscripción de la losa, el joven príncipe, mucho antes de llegar a ser rey, agotado tras una cacería, se tumbó una tarde bajo la cabeza del gigantesco felino y tuvo un sueño premonitorio. Surgido como de una nebulosa, el Dios solar Harmakis, representado por la Esfinge, se le apareció, indicándole que si desenterraba la estatua bajo la que reposaba llegaría a ser faraón de Egipto. Tal y como nos narra la inscripción de manera literal, una voz le dijo: "Alza tus ojos hacia mí y mírame. Tutmosis, hijo mío, yo soy tu padre, el dios Horakhty keper Ra Aton. Te daré el poder real... la tierra te pertenecerá en toda su extensión... Los tesoros de Egipto y todas las riquezas de los demás países irán a parar a tus manos. Hace muchos años que mi rostro se volvió hacia ti, lo mismo que mi corazón. La arena del desierto sobre la cual reposo me oprime. Prométeme que atenderás mis deseos; porque tu eres mi hijo salvador, lo sé...".

Guiado por esta revelación y acatando las órdenes conferidas en el mensaje onírico, procedió a sacar de nuevo a la luz, tras milenios de olvido, al enorme felino, cumpliéndose años más tarde la profecía de la que había sido testigo. Esta es, grosso modo, la extraña experiencia que tuvo uno de los reyes de Egipto bajo la faz del león, y tanto marcó su vida que la reflejó en la piedra que hoy todavía podemos contemplar. Este sugerente texto fue redescubierto por Caviglia, y de él se obtuvieron las primeras pruebas para otorgar la paternidad del mismo al faraón Kefren basándose en que en la línea 14 de la inscripción aparecía la sílaba khaf, que los arqueólogos

Las estatuas con cara de hombre y cuerpo de león aparecen
en múltiples lugares de la geografía egipcia.
Una figura que se hizo popular en la Europa de la Ilustración.

asociaron al nombre egipcio khaf ra, cuyo significado es
Kefren. El problema es que la línea que contenía esta sílaba
estaba incompleta, al igual que la parte inferior del texto.
Un enigma que jamás podrá ser desvelado, pues el renglón
decimocuarto del texto de Tutmosis IV está, hoy en día,
completamente destrozado. De todas formas, hay que
recordar que la sílaba khaf es común en muchas palabras
del antiguo egipcio, y su aparición por sí sola no tiene
más que un valor puramente testimonial.

Como, obviamente, este indicio no era suficiente para
probar que un antiguo rey que gobernó el país del Nilo
entre los años 2520 y 2494 era su constructor, se echó
mano del parecido del rostro de la enorme estatua con otra
de reducidas dimensiones que hoy puede contemplarse,

como ya cité, en el museo de El Cairo. Esta similitud constituía el otro elemento de peso para desnivelar la balanza a favor del enigmático rey, pero los estudios realizados en la década de los noventa por un esporádico investigador, Frank Domingo, echaron por tierra esta hipótesis. Este curioso personaje ha trabajado durante más de treinta años en la policía científica de Nueva York, reconstruyendo virtualmente los rostros desfigurados de miles de víctimas de cruentos homicidios. Por su experiencia y por la responsabilidad de su tarea, este veterano agente es una de las personas que más sabe acerca de las posibles similitudes entre rostros, y nadie más indicado que él para reconstruir la faz desfigurada de la Esfinge.

Este hombre metódico se fue de viaje hasta el país de los faraones con parte de su equipo y su cámara de fotos. A diferentes horas del día y en distintos ángulos fotografió la cara del monumento e hizo lo mismo con la estatua de Kefren del museo de El Cairo, siendo sus conclusiones definitivas. La barbilla de la Esfinge era mucho más saliente que la del busto del museo, y sus ojos más hundidos, quedando patente que ambas no plasmaban, ni por asomo, la faz de la misma persona. Hasta tal punto estaba convencido de la fiabilidad de su trabajo que tras terminarlo declaró lo siguiente: "Si en el futuro aparecen pruebas de que la Esfinge representa a Kefren, quien realizó el retrato del faraón era un incapaz".

Ante esta afrenta, argumentada científicamente, la arqueología ortodoxa reaccionó con virulencia, arguyendo que en los templos cercanos al monumento se encontró una considerable cantidad de pequeños bustos del mismo faraón. Aunque, por supuesto, obviaron dos factores más

La pirámide de Kefren mantiene casi intacto
su recubrimiento original en su parte superior.
Gracias a ella podemos imaginar el esplendor de
su "hermana" hace miles de años.

que considerables. El primero, que ni una sola de las
estatuas portaba inscripción alguna que confirmara que
Kefren era el rey retratado. Y el segundo, que era muy
común entre los monarcas egipcios adueñarse de los
templos que habían construido sus antecesores; con lo
que los bustos, aún en el caso de que pertenecieran
realmente al citado faraón, no probarían absolutamente nada o, todo lo más, que la Esfinge podía ser anterior
al nacimiento del polémico rey.

Sin embargo, lo increíble es que los eruditos echaron
mano de pruebas más que dudosas para continuar con su
teoría, despreciando otra que desde hacía mucho tiempo
ya dejaba claro no sólo que el constructor de la Esfinge no
era Kefren, sino que el monumento pertenecía a una
época más remota. La estela de inventario, descubierta

Éstos son algunos de los escasos bloques que conserva la Gran Pirámide de su recubrimiento original, una capa de rocas que fue quitada a base de golpes y vinagre hirviendo.

por el arqueólogo francés Mariette a mediados del siglo XIX, nos relata cómo Keops descubrió un templo dedicado a Horus justo al lado de la polémica estatua. Obviamente, si un texto egipcio nos narra un episodio donde se menciona a la Esfinge tiempo antes de que ni tan siquiera hubiera nacido Kefren, ¿cómo puede ser este faraón el que la construyó?

En los albores del tiempo

Al no estar claro quién fue el constructor de la Esfinge se nos abren varias interrogantes. La más importante de ellas es situarla en un contexto histórico adecuado. Por lo que nos revela la estela de inventario, su antigüedad es mucho mayor de lo que la Historia oficial quiere reconocer, pero este dato por sí solo no nos sirve, sería preciso afinar más, buscando la época exacta en la que fue construida, a fin de esclarecer su misterioso origen y su no menos enigmático significado.

Se presentaba, por tanto, una tarea complicada ante los investigadores que, a cientos, pasearon por delante del fastuoso gigante. Y de todos ellos, uno a destacar: Schwaller de Lubicz, matemático y erudito en diferentes temas esotéricos, fue una de las primeras personas que miró la cultura egipcia con los ojos de un niño. Por encima de cualquier formalismo académico intentó descubrir los entresijos que se esconden tras esta maravillosa cultura. Hace ya varias décadas que este incansable viajero puso todo su inefable ingenio en analizar la Esfinge, descubriendo que la erosión del foso que rodea el monumento estaba provocada por el agua.

Mucho más tarde, el escritor John Anthony West reparó de nuevo en la genial observación del erudito iconoclasta, y convenció a un eminente geólogo, Robert Schoch de la Universidad de Boston, para que realizara las pruebas pertinentes y comprobase no sólo que el desgaste de la roca estaba provocado por el agua, sino también cuál era la antigüedad del mismo. De esta forma, el joven científico se acercó para desentrañar los misterios de la Esfinge realizando un estudio exhaustivo del entorno. Comprobó que la estatua estaba esculpida en una cresta de roca y que, por tanto, el foso que la rodea debió de ser excavado antes, a fin de permitir el trabajo de los artesanos. En su estudio midió los surcos de la erosión del foso, que en su parte posterior tenían hasta un metro de profundidad, siendo mucho menor en la parte delantera.

Esto le llevó a afirmar que la Esfinge había sido construida en dos fases, una de ellas muy antigua y la otra más moderna, emprendida por algún faraón, que bien pudiera ser Kefren. El caso es que sus estudios demostraron científicamente que la erosión del foso estaba producida, efectivamente, por el agua, y que su construcción había que remontarla "hasta el 6500 a.C." una época, en principio, en que la civilización egipcia no existía ni por asomo tal y como hoy en día la conocemos.

Ni que decir tiene que ningún egiptólogo oficial hizo el más mínimo caso de este estudio científico, pues obviamente no hay forma de dar respuesta a tal prueba desde el punto de vista de la Historia, tal y como en los libros académicos se nos narra. Para explicar una erosión de tal calibre producida por el agua, sería necesario remontarse hasta épocas en que el agua inundó la meseta

Tabla de alfabetos beréberes. Estas letras conocidas con el nombre de tifinagh fueron las utilizadas para dejar un mensaje oculto en la puerta de la supuesta tumba.

de Gizeh, que fue exactamente hace diecisiete mil años, al producirse el deshielo de la última glaciación, o al menos hasta hace doce mil años, cuando se produjeron los desbordamientos más importantes del Nilo. Sendas fechas reflejan, pues, un tiempo lejano y oscuro donde, en principio, el hombre no era más que un mono desnudo que habitaba en sucias cavernas. Sin embargo, la lógica (y, además, la ciencia) nos empujan hasta este pasado remoto. El desfase de milenios en la apreciación de Schoch con las inundaciones vendría producido por el tiempo que la Esfinge ha estado enterrada en la arena, preservando los muros de su foso de cualquier tipo de desgaste.

Para que nos hagamos una idea del tiempo que tarda el gigantesco león en ser sepultado por el empuje del Sahara, nos valen los siguientes datos. Como ya mencioné, en 1816 Caviglia fue el primero en desenterrar la Esfinge. Pues bien, en 1853 Mariette tuvo que repetir ya la misma operación al encontrar el monumento completamente enterrado. Más tarde, en 1888, Maspero tuvo que hacer lo propio. Y volvió a suceder en 1916. Esta vez fue el intrépido viajero Baedeker quien escribió en su cuaderno cómo encontró la estatua sumergida bajo la arena. Así pues, podemos comprobar en fechas recientes y con datos verificables cómo el imparable Sahara llena con facilidad pasmosa el foso que rodea al león.

Nos quedaría, tan sólo, para afinar más en los cálculos, conocer cuál fue su tratamiento en la época clásica egipcia, lo que nos traería referencias también sobre su importancia y significado. Sin embargo, de esta parte también tenemos datos concretos que pueden ayudarnos en nuestra labor.

Para comenzar, no existe absolutamente ninguna referencia sobre la Esfinge en el Imperio Antiguo ni en el Medio, lo que nos lleva a pensar que su importancia con respecto a la cultura egipcia fue bastante escasa. El primer texto de referencia que tenemos sobre ella es el que elaboró Tutmosis IV en el año 1410 a.C. Luego, otro de Ramses II que también se encuentra en la parte delantera del monumento, una nueva inscripción que es tan sólo dos siglos posterior, lo que demuestra que en esta época la estatua sí estuvo bien cuidada y se le otorgó un gran valor, ya fuera religioso o ritual. Sin embargo, tiempo más tarde, Herodoto ni tan siquiera la menciona en sus descripciones de Egipto, lo que nos hace pensar que ya estaba de nuevo completamente descuidada. Olvido del que la sacaron los romanos, que erigieron alrededor de ella un pequeño muro para resguardarla de las inclemencias del Sahara. Así hasta el año 333 d.C., cuando la religión cristiana es la única permitida en Egipto, tiempo desde el cual se descuidan (cuando no se destruyen) todos los templos y reminiscencias de los antiguos cultos. Así pues, podemos comprobar que, salvo por pequeños períodos de tiempo, la Esfinge ha estado casi siempre enterrada, lo que nos lleva a pensar que si la erosión de su foso ha sido provocada por el agua y la datación geológica de ésta corresponde al 6500 a.C., la fecha real puede ser incluso anterior, tal y como defienden algunos investigadores, pues la arena del desierto se ha encargado, en parte, de mimarla y protegerla.

El único desgaste serio que el Sahara ha podido provocar en ella ha sido obra del jamsín, el fuerte viento que sopla del sur un mes al año en todo Egipto. Pero el gigantesco

Las marcas de erosión de la Esfinge son claramente visibles.
Los estudios geológicos realizados para dilucidar la antigüedad
de las mismas sitúan la construcción del monumento
en una época anterior a la cultura faraónica.

león se ha librado parcialmente de él gracias a que los
templos que la rodean la resguardan por ese flanco. De
todos modos, su acción es inevitable, y su desgaste puede
comprobarse en la nuca del monumento, pero con una
particularidad: el daño provocado es mucho mayor que el
que podemos observar en los monumentos que hay al
lado. Y es que el choque de la fina arena apenas ha hecho
mella en la dura roca de la que están hechas la gran
mayoría de las construcciones egipcias, lo que viene a ser
otra prueba irrefutable de que la antigüedad de la Esfinge
es mucho mayor de lo que la Historia oficial quiere
reconocer hasta el momento. El problema y el debate,

por tanto, están abiertos: si el gigantesco y desafiante felino que hoy podemos observar es más antiguo que la civilización egipcia, ¿qué cultura fue la que la realizó? Y lo más importante: ¿con qué finalidad?

Mirando a las estrellas

Ya sé que para muchos puede ser un atrevimiento e incluso una locura el afirmar no sólo que la Esfinge es anterior a la época en la que la enmarcan los arqueólogos, sino también (y lo más complicado) que es obra de una cultura desconocida. Sobre la primera parte, creo que las pruebas geológicas han dado fe de ello; sin embargo, he de reconocer que buscar una civilización distinta a la egipcia como la autora de la polémica estatua no es una tarea fácil. De todas formas, si hubiera sucedido así, sería

Vista frontal de la Esfinge. Entre sus patas delanteras la losa que refleja el enigmático sueño de Tutmosis IV.

La comparación entre el rostro de la estatua del faraón Kefren, con el de la Esfinge, demuestra que no es la misma que la del mítico rey.

posible encontrar nuevas pruebas que nos colocasen en el camino adecuado; camino, por otro lado, que otros ya han investigado hasta la saciedad.

Los que han volcado todos sus esfuerzos sobre este extremo han argüido, en primer lugar, un detalle que salta a la vista para cualquier experto en arte egipcio. Y es que los templos que rodean a la Esfinge no muestran un canon estético que se corresponda con el de obras similares que podemos encontrarnos en el país de los faraones. Aunque las construcciones a las que me refiero no tienen la grandiosidad de otras que podemos ver cerca de ellas, su estilo es muy diferente. Entre otros detalles, no sólo destaca que el arquitecto que los ideó lo hizo obviando las pautas artísticas de la época en la que se supone que se realizaron sino que, también desde el punto de vista técnico, podemos observar varias anomalías. La más clara de ellas es que los bloques con los que se construyeron tienen un tamaño descomunal. Así, podemos observar en el lado oeste de uno de los citados santuarios un bloque de piedra cuyas medidas llegan a los cinco metros y medio de alto por tres de ancho por dos y medio de fondo, que alcanza un peso cercano a las setenta toneladas. Es como si los constructores de los edificios que rodean a la gigantesca estatua tuvieran un concepto distinto del arte, y elaboraran edificios descaradamente pequeños con respecto a sus vecinos, y sus técnicas de construcción fueran también diferentes. Hasta cierto punto, parece que el peso de las piedras no constituyese ningún problema para ellos, sin mencionar la dificultad de encajar a la perfección las enormes rocas que, al igual que un puzzle gigantesco, se mantienen sin cemento o argamasa alguna. Son muchos los que, ante esta prueba, argumentan que en la época en la que se construyeron los mencionados edificios el arte egipcio estaba todavía en desarrollo, lo cual es completamente falso, pues el estilo del arte faraónico no avanza a partir de la cuarta dinastía, y en Karnak, la primera ciudad que se construye en piedra, nos encontramos ya un grado de progreso que jamás llegó a ser superado.

Que el estilo y las técnicas de construcción sean diferentes a las utilizadas en el resto de los edificios que podemos observar en el Egipto faraónico nos sumerge con fiabilidad en la hipótesis de que la fabulosa estatua pertenece a una civilización más antigua ya desaparecida. Esta teoría ya fue sustentada años atrás por los investigadores Robert Bauval y Graham Hancock en su libro El guardián del Génesis. Esta obra nos introduce en la posibilidad de que haya que remontar la antigüedad de la

La proximidad entre la Esfinge y la pirámide de Kefren parece insinuarnos que su "paternidad" se debe al conocido faraón, pero son muchas las pruebas que nos indican lo contrario.

Esfinge hasta el 10500 a.C. Para ello, se basan en que el rostro de la estatua miraba hacia la constelación de Leo justo en esa época tan remota. Para afirmar tal extremo, los dos investigadores estudiaron el firmamento egipcio con todo detalle, controlando la precesión de los equinoccios hasta la citada fecha.

El fenómeno astronómico de la precesión de los equinoccios es muy sencillo de comprender, pues se basa en que la inclinación de la tierra va cambiando muy lentamente con el paso de los años.

Así, mirando al Este en el equinoccio de primavera del año 10500 a.C., la constelación que aparecía era la de Leo, mientras hoy en día es la de Piscis. Es, por tanto, un fenómeno astronómico sencillo, y la única dificultad que presenta para su comprensión es que las constelaciones se van dando paso unas a otras cada dos mil años aproximadamente. Con lo que, para que cualquier cultura pudiera entender este lento proceso, eran necesarios muchos siglos de observaciones. Para nuestra Historia moderna, el descubridor de este fenómeno fue el astrónomo griego Hiparco en el siglo II a.C., lo cual no impide, obviamente, que una civilización mucho más antigua y de la que apenas quedaran restos comprendiera también este mismo proceso.

Aunque sobre la teoría de Bauval y Hancock existe una pega bastante obvia, y es que la denominación de las constelaciones tal y como hoy en día las conocemos proviene de Babilonia, alrededor del 1500 a.C., con lo que la mirada de la Esfinge hacia ese punto del firmamento en la citada fecha bien puede ser una simple curiosidad que no implique que la enigmática estatua tenga algún

Jeroglíficos en la caja de Ushebtis.
© Creativos Multimedia.

significado ritual.

Eso sí, respecto a su antigüedad, la frase más sabia que se ha pronunciado hasta ahora hay que atribuírsela a un conservador del museo de El Cairo que afirmó: "Las viejas damas ocultan su edad".

El legado de los dioses

Hor en aket, "el horizonte de Horus", así llamaban los antiguos egipcios a la Esfinge de Gizeh rememorando un tiempo en que los dioses parecían, más que una ficción, seres de carne y hueso, probando que cualquier esfuerzo por llegar hasta las entrañas de los verdaderos secretos que rodean a la misteriosa estatua nos llevan hasta el terreno de lo absurdo. Visto que el destino quiere que sea así, sumerjámonos pues en lo imposible, sin miedos y sin tapujos, por muy disparatado que ello nos parezca, ya que de esta forma a lo mejor conseguimos arrojar un poco de luz sobre el enigma del león dormido.

En octubre de 1935 Edgar Cayce, conocido como "el profeta durmiente", tuvo, al igual que Tutmosis IV, un sueño en el que se le mostró una revelación. El afamado vidente afirmó que, de forma onírica, vio cómo los super-vivientes de la Atlántida construían el complejo de Gizeh con sus pirámides y la Esfinge, para crear allí una gran biblioteca donde guardar todos sus conocimientos, ante el temor de que el paso del tiempo acabase con su fabulosa cultura. Para ser más exactos, lo que Cayce afirmó exactamente es: "será descubierta una sala antigua con documentos históricos allí donde la línea de la sombra y de la luz cae entre las patas de la Esfinge".

Ni que decir tiene que, ante tales afirmaciones, se le tachó de loco, borracho, estúpido y demás calificativos que prefiero ahorrarme a fin de no estropear el estilo narrativo de este libro.

La verdad, y aunque me cueste reconocerlo pública-mente, es posible que yo hubiera sido uno de los que jamás creyera una afirmación de semejante tipo, máxime sin prueba alguna que la avalara. Sin embargo, en multitud de ocasiones, en lo imposible y en lo absurdo podemos encontrar una gran verdad, lo que nos recuerda que hemos de confiar en la intuición tanto como en la ciencia.

A principios de la década de los noventa, Thomas Dobecki, un sismólogo de la Universidad de Houston, llegó hasta Egipto gracias a la tenacidad y al empuje del investigador John Anthony West. Este hombre de ciencia realizó gran cantidad de pruebas en la Esfinge, comprobando que la construcción de la misma se había realizado en varias etapas tal y como ya demostró antes el geólogo Robert Schoch. Pero sus indagaciones y experimentos no se quedaron solamente ahí, sino que gracias a su exhaustivo estudio se pudo comprobar que, bajo la enigmática estatua, había varios túneles todavía sin excavar, además de una gran sala rectangular que se encuentra justo debajo de las patas de la Esfinge. Pero lo mejor no es esto, que obviamente nos recuerda a la profecía recibida por Cayce en su sueño; lo realmente sorprendente fue la recepción de la noticia por parte de las autoridades egipcias y de la arqueología oficial, que en vez de reconocer el logro obtenido machacaron a los investigadores, siendo estos expulsados en 1993 por el conservador de la zona arqueológica de Gizeh.

Mientras tanto, y hasta que sepamos más sobre los nuevos descubrimientos relacionados con la Esfinge, lo mejor será seguir disfrutando de su impasible pose. Una fría mirada que nos recuerda que es fundamental hacerle caso a nuestra intuición, por encima de lo que la Historia ortodoxa nos diga. Casos como el que hemos relatado nos acercan hasta ese mundo de fábula del que tanto nos ha hablado el cine. Quizás ese universo de leyenda ha sido más real de lo que hasta ahora nos ha mostrado la ciencia ficción.

Capítulo 6

Los extraños egipcios

No podemos conocer la cultura de un país si no es a través de sus gentes, y es que la sociedad egipcia fue tan compleja como sus impresionantes monumentos. Pero no es mi intención darles en este capítulo una charla sosa y aburrida sobre usos y costumbres en el antiguo país del Nilo, sino todo lo contrario, hacer que penetren a hurtadillas en los aspectos más curiosos de la vida de aquellos hombres.

Aunque, para ello, será necesario que hagan un pequeño esfuerzo mental y se pongan en el lugar de unas personas que veían todo lo que les rodeaba con auténtica fascinación. El sol era dios, y la vida después de la muerte tan real o más que la que experimentamos día a día. Los extranjeros eran enemigos, y la xenofobia era un hecho aceptado por

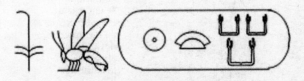

Sello de Sesoris III.

toda la sociedad como usual. Pero, aunque les parezca una contradicción, hechos así no suponían que el pueblo egipcio fuera una masa inculta o bárbara. El tipo de pensamientos que acabo de exponer, aunque con puntos de vista diferentes, era también usual en otras culturas. Y es que el nacimiento de la civilización fue un tiempo difícil, pero estudiarlo es algo que nos puede ayudar a todos, pues las bases de nuestra moderna cultura se cimentan en aquella época. Un período que, aún mostrando aspectos oscuros, no deja de ser maravilloso y sorprendente en muchas de sus facetas.

Unos muertos que parecían vivos

Cuando se producía la muerte de uno de los primitivos habitantes del país el Nilo, comenzaba todo un largo y

Osiris es el dios que se encarga de la resurrección de los muertos, llevando las almas de los difuntos hasta la otra vida.

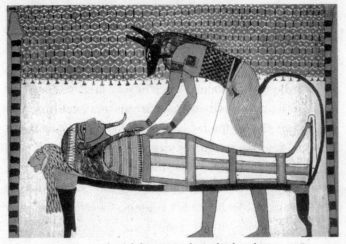

Anubis, el dios con cabeza de chacal,
era el encargado de la guardia y custodia de los muertos.

complejo proceso de preparación para la vida en el más allá. Como para los egipcios existía, tras esta, otra nueva etapa de existencia, era necesario llegar a ella en las mejores condiciones. Para este menester desarrollaron todo un arte milenario que se ha podido reconstruir, en gran medida, gracias al meticuloso trabajo de los pacientes arqueólogos.

Una vez que el enfermo o accidentado era ya cadáver, se le trasladaba hasta un edificio maloliente sepultado bajo tierra. Allí, los sacerdotes se hacían cargo de él, preparándolo para su nueva etapa. No era tarea fácil ni rápida, se tardaban casi tres meses en convertir aquel cuerpo inerte en una momia lista ya para toda la eternidad. Como las altas temperaturas y la humedad reinante descomponían con rapidez la carne, había que actuar, en un principio, con premura. Se comenzaba, por tanto, por las partes blandas, mucho más expuestas al deterioro ambiental. El primer paso era vaciar las cuencas oculares. Estos orificios más los de las fosas nasales eran el camino de salida del cerebro. Para ello se utilizaba un largo garfio de hierro, que se introducía hasta llegar a la cavidad craneal. Una vez desmembrada la materia gris, era expulsada por succión mediante fuelles hasta que los huesos quedaran limpios. Acto seguido, otros sacerdotes abrían el abdomen para sacar las vísceras, que se introducían en cuatro vasos llamados canopes. Tan sólo permanecían en el interior del difunto el corazón y los riñones. Cada uno de estos recipientes representaba a un Dios, que velaría por el buen funcionamiento de los órganos en el más allá. Antes de ser introducidas en los vasos ceremoniales eran lavadas con vino de palma, rociadas con perfume y vendadas, para que así su conservación fuera perfecta. Iban por separado hígado, pulmones, intestinos y estómago. Justo entonces se procedía a cerrar el cuerpo, que era rellenado de resina de cedro, hierbas olorosas y perfume. Toda la piel del difunto quedaba intacta, excepto la de los pies, que se amputaba por considerarse impura.

Empezaba aquí otro proceso largo y complicado, el vendaje. Para recubrir el cuerpo se empleaban alrededor de trescientas tiras de lino, cada una de ellas con su correspondiente inscripción; era, en sí, la confección de un barroco traje para llegar con dignidad hasta la última morada. Las vendas se embadurnaban con aceites aromáticos; las del rostro, de gran importancia ritual, se conocían por el nombre de harmajos. Sobre la frente se ponía la de la diosa Nejeb, sobre las orejas la del dios Thot, en la nuca la de Neb Joteb, etc. En las mejillas, una muy especial en

En esta pintura podemos ver al faraón Arynefer junto a su esposa con el pelo teñido de blanco, un detalle poco común que nos demuestra que existieron diferentes modas y usos en la estética egipcia.

que rezaba la frase "que viva". Una vez que se tapaba la cabeza se procedía al sellado de los orificios naturales del cuerpo, para lo que se empleaba una mezcla de aceites de gran densidad. Acto seguido se acababa de envolver todo el cadáver. Al mismo tiempo que se realizaba este trabajo otros sacerdotes elevaban sin cesar plegarias por el alma del difunto, rogando al cielo un juicio justo en la otra vida. Envueltos por el lino quedaban varios amuletos como el anj (la llave de la vida), el ojo de Horus, etc. Especial significado tenían el escarabajo alado, en el que se escribía algún pasaje del Libro de los Muertos, y el anillo de la justificación (colocado en la mano derecha), que proporcionaba fuerza en el momento de comparecer ante los dioses. Las vendas eran siempre de color blanco,

El dios Min,
que se representaba
con el pene erecto,
era el encargado
de sacralizar el sexo
y la sensualidad.

excepto las del faraón, que se teñían de púrpura. A los reyes se les pintaban, además, las uñas de color oro, y en algunas ocasiones también se les tocaba con alguna peluca de llamativos colores.

Justo cuando se le ponían las últimas vendas, el sacerdote de mayor rango se acercaba hasta el cuerpo sin vida y recitaba este último conjuro de preparación para el más allá: "que su ojo vea, su oído escuche, su nariz respire, su boca hable, y su lengua articule hermosas palabras en la morada del cielo inferior". Después de que la magia hubiera hecho su efecto, se sumergía el cuerpo inerte en natrón, una sustancia asfáltica cuya fórmula exacta se desconoce, como ya comentaba en el primer capítulo, exactamente setenta días. La momia estaba ya preparada.

Era entonces el momento de la última despedida. A los pocos días de sacar el cadáver de su inmersión se preparaba la comitiva fúnebre. Compuesta por sacerdotes, familiares y amigos del difunto se encaminaba con el sarcófago hasta la tumba. Allí se dejaba al ser querido gran cantidad de manjares, así como de objetos que le pudieran hacer falta en su próxima vida, reafirmando, con este acto, su fe en que la muerte no era un final, sino todo lo contrario, el principio de una nueva existencia.

Era, en definitiva, un proceso en que magia, religión y sabios conocimientos de química y anatomía se entremezclaban con un solo fin, crear vida aparente donde ya no la había. Son muchas las culturas antiguas donde unas creencias similares desembocaron en prácticas parecidas. Sin embargo, ninguna forma de embalsamamiento fue tan compleja y efectiva como la que se dio en el misterioso reino de las pirámides. Quizás porque los egipcios, mejor que nadie, comprendieron que la existencia

Música, amor, poesía y sexo se dieron cita en una sociedad que tenía un marcado sentido de la sensualidad.

es efímera y se negaron a creer que todo acababa en el momento de la muerte, creando un complejo mundo del más allá más fascinante aún del que todos los días nos toca vivir.

El sexo en la época de los faraones

Prácticamente todas la culturas de la Antigüedad vieron el sexo de una forma sagrada, pues en él estaba la esencia de la vida. En lo que han existido más diferencias, por el contrario, es en su parte profana; en la del día a día y la relación de pareja, siendo unas mucho más permisivas que otras; factor que dependía de la moralidad, que casi siempre ha estado marcada por la religión.

En el caso de Egipto, sorprende desde el comienzo una forma de ver el sexo regida por una total naturalidad. Por

Tal y como muestra esta figurilla, el sexo fue visto con total naturalidad por los antiguos egipcios.

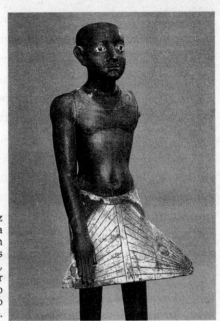

La desnudez casi total era la ropa que portaban los antiguos habitantes del país del Nilo, por lo que el pudor era un concepto desterrado de estos pagos.

desgracia, no ha sido hasta épocas recientes cuando las piezas arqueológicas relacionadas con este tema han ido, poco a poco, viendo la luz; pues paradójicamente, los arqueólogos del siglo XX vieron con estupor lo que para los egipcios era usual, quizá porque los eruditos que se enfrentaron a tan escandalosos hallazgos estaban demasiado marcados por la fe cristiana o la mahometana que practicaban. El caso es que ahora comienza a salir poco a poco esta curiosa punta de iceberg que todavía provoca rubor en más de uno.

La colección *erotica aegyptiaca* del museo de El Cairo, con más de doscientas piezas, es la colección más grande del mundo que existe al respecto. En ella podemos ver gran cantidad de dibujos y esculturas que exageran desproporcionadamente los penes masculinos o que nos muestran mujeres enseñando su vagina de forma obscena y provocativa. Estas representaciones vienen a ser una pequeña enciclopedia de la manera en que vivían el sexo los egipcios. Aquí podemos ver todo tipo de posturas donde las mujeres hacen auténticos equilibrios y contorsiones encima de los enormes penes de los hombres, existiendo también escenas de orgías ya que, no en vano, los egipcios eran polígamos. Son frecuentes las escenas de felaciones y de coitos anales, que casi con toda seguridad eran considerados una forma de sexo seguro, que evitaba los embarazos no deseados.

De igual forma eran usuales las masturbaciones de la mujer al hombre, aunque parece que era considerado tabú realizar esta práctica al contrario siendo las féminas más serviles en este aspecto, ya fuera por imposición social o por cualquier otro motivo que ignoramos.

Y lo más curioso, la zoofilia, en la que el papel del varón era realizado siempre por el animal, figuras que nos indican que los hombres egipcios hacían simplemente de voyeur en esta función, excitándose con los juegos de sus compañeras. Esta práctica, que hoy puede interpretarse como bárbara, estuvo muy extendida en la antigüedad. En cualquier caso, los egipcios estaban por encima de muchos tabúes que se han prolongado, con razón o sin ella, hasta nuestros días.

Otra parte importante eran las sátiras que se hacían utilizando el sexo como base del humor, exactamente igual que hoy ocurre con el noventa por ciento de nuestros populares chistes. En 1980 pudimos conocer, gracias a los trabajos del alemán J. Oslin, el *Papiro satírico de Turín* que nos muestra la única imagen de un prostíbulo que ha llegado hasta nuestros días. Sobre su desgastada superficie podemos ver a los miembros de la corte, los sacerdotes y altos cargos de la Administración en plena orgía. Con frases tan románticas de fondo como: "Ven y métemela por detrás". Mezcla de cómic porno y de humor, se nos da una visión ridícula de los hombres que llevaban las riendas del país, humillándolos, de esta manera, ante la plebe. En resumen, que este tipo de sentimientos donde el odio a los poderosos se plasma de una manera tan burda como eficaz, es algo propio del género humano en cualquier lugar y tiempo. Sin embargo, en Egipto nos choca por el concepto "tan moderno" que vemos con respecto a casos similares de otras culturas demostrando, una vez más, que en la cuna de nuestra civilización se dieron todas las facetas del arte que hoy en día tienen espacio en los medios de comunicación. Prácticas ligadas al concepto de rebeldía y al de subversión, obviamente con todas sus consecuencias, pues la muerte, a buen seguro, era el castigo para los poseedores o los dibujantes de tales panfletos.

Pero los egipcios, que permitían, como hemos visto, casi todo en la alcoba, eran sin embargo intolerantes con respecto a la homosexualidad e incluso su demonio, el dios Set, se caracterizaba por ser afeminado. Tal repudio sentían los habitantes del país del Nilo hacia esta práctica, que en el *Libro de los Muertos* hay frases para recitar ante los dioses en las que el alma del difunto refrenda que jamás realizó actos de este tipo. Y la verdad es que no deja de ser curioso que un pueblo que practicaba con tanta asiduidad el coito anal e incluso la zoofilia, tache de pervertidos e inmorales a los homosexuales.

Salvo por esta última excepción, como hemos podido comprobar, la sociedad egipcia fue abierta e incluso divertida en lo que al sexo se refiere. Y a título de curiosidad, prácticas como la masturbación, tan maltratadas por el cristianismo, tuvieron en la patria de los faraones un carácter que rozaba lo sagrado, pues el dios supremo Atum, generó a la primera pareja mediante el citado acto.

En definitiva, en aquella época el sexo se practicó de modo muy semejante a cualquier otra.

El país que se guiaba por los sueños

Es difícil imaginarse cómo era la vida en un país del norte de África hace cinco mil años, aunque el caso que nos ocupa ahora, Egipto, no es comparable al resto de estados limítrofes. La bonanza económica del país del Nilo hizo que sus habitantes gozaran de un tipo de vida cómodo, muy alejado de lo que en un principio pudiéramos pensar. Sus casas eran confortables y llenas de comodidades, el aseo y el baño se prodigaban tanto o más que en nuestros días, y la estética era muy cuidada, incluso por los ancianos. Era, por tanto, la egipcia, una sociedad refinada, que muy lejos de la de los países vecinos prefería dedicar su tiempo al comercio y a la agricultura antes que a la guerra, única fuente de ingresos de diversas culturas.

En este clima benigno durante todo el año, y entendiendo que el ocio era una actividad fundamental, pues los esclavos, que eran casi siempre extranjeros capturados en batalla, se ocupaban del trabajo duro, es comprensible que hubiera a lo largo del año multitud de fiestas, que eran celebradas con pomposidad. Es complicado decir cuáles eran las de mayor esplendor, aunque la del Año Nuevo, cuando la estrella Sirio surgía por encima del Nilo, era posiblemente la más celebrada. Los templos de la diosa Isis se llenaban aquellos días de todo tipo de ofrendas que los sacerdotes se encargaban de colocar armoniosamente delante de los altares. Tributos que se quedaban los administradores del templo, que amasaban grandes riquezas durante estos días. Además de esta, cabría destacar la fiesta del Opet, que duraba todo el mes de las inundaciones. Al ser imposible trabajar en el campo por estar éste desbordado de agua, las gentes empleaban el día en organizar reuniones en las que se danzaba, bebía y cantaba. Eventos en que también se amañaban los futuros matrimonios, los hombres hacían negocios y se comentaban

La momificación egipcia alcanzó cotas de perfección muy elevadas, tal y como nos demuestra el rostro del "semidios" Ramses II.

las noticias de la corte o de los países vecinos. Era una época alegre, y el mismo faraón engalanaba su barco real para organizar procesiones por el Nilo. Y, cómo no, si estos jolgorios eran importantes, no lo era menos el bubastes que más tarde se repetiría en Grecia y en Roma bajo la forma de las conocidas bacanales. Aunque en esta ocasión las orgías no eran tan multitudinarias y espectaculares como las que más tarde se darían en las culturas clásicas mediterráneas, de igual forma el vino corría como el agua y el desenfreno hacía presa de la sociedad egipcia.

Respecto a la vida familiar, los egipcios gustaban de casarse a muy temprana edad en matrimonios que siempre eran determinados por los padres de los novios. Esta práctica cultural, muy extendida en la antigüedad, aseguraba los diversos pactos entre las familias, y aunque parezca una contradicción esto no suponía necesariamente que no existiera amor entre los miembros de la pareja, ya que en la gran mayoría de las ocasiones los futuros esposos se conocían desde niños y habían compartido infancia y juegos desde su nacimiento, con lo que los lazos afectivos eran muy fuertes, tal y como puede comprobarse en las pinturas que encontramos a lo ancho y largo de Egipto. Otra tradición que ha llegado hasta nuestros días reflejada en multitud de inscripciones era la de casarse entre hermanos, aunque estuvo mucho menos extendida de lo que nos han hecho pensar. Sobre todo era usual entre la familia real y las clases sociales más altas, pero poco frecuente entre el pueblo llano. Esta práctica se vio como una forma de conservar la pureza de la sangre, pues el faraón era hijo directo de dios y no juzgaban conveniente, por tanto, que se mezclara con el resto de los mortales.

La vida diaria era de frenética actividad, no sólo por la floreciente agricultura, sino también por el incesante comercio. Actividades de trueque e intercambio muy fructíferas entre las diferentes provincias que jalonaban el Nilo, y también con el extranjero. Y es que los egipcios viajaban mucho más de lo que pudiéramos pensar, además de ser consumados navegantes que llegaron en sus expediciones a lugares muy remotos, tal y como nos revelan algunos papiros. Expediciones que servían para traer objetos exóticos, perfumes, especias, metales y minerales preciosos... Curiosamente, uno de los "objetos exóticos" que se consideraba más preciado y casi inalcanzable (salvo para los faraones, que llenaban de oro y honores a los que lo consiguieran) eran los pigmeos. Uno de estos enanos tenía un valor incalculable, pues su tamaño y su danza hacían las delicias de los miembros de la corte.

Pero si había una actividad sin duda preferida entre los egipcios, comentada además con pasión y trascendencia, era el sueño. Aunque la vida familiar era muy estrecha, a la hora de dormir cada uno de los cónyuges tomaba una alcoba separada. La noche siempre tuvo un significado mágico para los habitantes de este fabuloso lugar, y todo lo que ocurría cuando la luna dominaba el firmamento estaba tocado por la mano de los dioses. De ahí que los antiguos egipcios se afanaran en contar sus sueños a astrólogos y videntes para que les interpretaran sus fabulaciones nocturnas. Las clases más pudientes acudían a los más prestigiosos intérpretes, mientras que los menos adinerados debían conformarse con leer el significado de sus aventuras nocturnas en papiros genéricos que existían al respecto. Pero, sin duda, los sueños más importantes eran los del faraón, cuyo contenido podía determinar el destino de todo el país.

Los sueños, además, se comentaban entre vecinos, amigos, hermanos, esposos… compitiendo en complejidad y significado. Y eran tan importantes porque en ellos se encerraba el destino. Pero la sociedad egipcia no sólo fue onírica desarrollando esta bella e impresionante faceta en el plano social. Todo cuanto podemos ver en esta tierra parece estar tocado por un halo mágico e irrepetible.

¿Quién, entre los que han tenido el privilegio de pasear entre sus míticas pirámides y sus fastuosos templos, puede negar que ha acariciado un hermoso sueño?

Capítulo 7

Dos hombre, un faraón y un destino

*T*odos hemos percibido en multitud de ocasiones eso a lo que llaman destino. Para muchos, el futuro no es más que una falsa percepción mental, ya que nuestra psique no puede pasar más allá del presente. Sin embargo, al analizar las circunstancias del pasado, se nos muestran ciertos entresijos que es muy complicado atribuir a la casualidad.

Sé que el tema del que estoy hablando es más propio de las religiones y de la filosofía que de la egiptología, pero al analizar la vida de Howard Carter y de Lord Carnarvon no he podido titular este capítulo de otra forma. Dos personas que, por un cúmulo de "casualidades" se encuentran en la vida, que excavan en un lugar ya sin interés para la arqueología y que dan con el hallazgo más

Sello de Tutankamon.

importante de cuantos se hayan producido en el país de los faraones. No quiero decir con esto que nuestro futuro esté ya escrito y que, como Edipo, hagamos lo que hagamos la tragedia o la dicha hayan de marcar nuestras vidas. Esto no es más que un absurdo. Pero sí que la divina providencia, o eso a lo que muchos llaman suerte, hace que las circunstancias que nos rodean nos empujen hacia un camino u otro. Aunque, por supuesto, la última palabra siempre la tendremos nosotros.

Pues esto fue lo que le sucedió a los intrépidos aventureros que antes he mencionado: hallar la tumba del faraón fue su mayor dicha y, a la vez, su mayor castigo.

El encuentro de dos aventureros

La escena tuvo que ser bastante extravagante. George Herbert, el joven y altivo lord inglés, disfrutaba fumándose

Carter y Carnarvon trabajando en la tumba del olvidado faraón, un descubrimiento que terminó siendo famoso por los trágicos hechos que lo envolvieron.

Fotografía de
la momia
de Tutankamon.
Según
comentaron
sus descubridores
el limpio brillo
del oro era
desconcertante.
Jamás en la
historia se había
descubierto
algo similar.

una pipa sentado en su cómodo sillón del Trinity College de Cambridge, mientras un pequeño grupo de obreros quitaba de las paredes de su habitación el flamante y moderno recubrimiento de madera. Y es que este hombre tenía verdadera pasión por las antigüedades, así que no escatimó en gastos y, con su perseverancia, consiguió un permiso del mejor colegio de Inglaterra para que le permitieran restaurar el aspecto que en el pasado tenía el aposento donde vivía. Ahora sí que podía sentirse a gusto, rodeado de la misma decoración que viejas celebridades británicas habían visto mientras estudiaban. Era quizá como si de esta forma el ambiente le ayudara a conseguir las mismas proezas de las que habían sido protagonistas sus antecesores. Y a fe que él se esforzó en no pasar por la Historia de manera desapercibida.

Multimillonario a una edad muy temprana, tan sólo tenía veintitrés años cuando heredó la fabulosa fortuna familiar. Desde entonces dio rienda suelta a una juventud alocada practicando multitud de deportes, sobre todo náuticos, y convirtiéndose, además, en un excepcional tirador. Lo primero que hizo al recibir la enorme cantidad de dinero que el destino le tenía reservada fue comprarse un velero y dar la vuelta al mundo. El mar fue una de sus pasiones, hasta que descubrió el automovilismo. Adquirió entonces un potente coche y obtuvo el tercer permiso que se dio para conducir en Inglaterra. Desde entonces, se dedicó en cuerpo y alma a las carreras, hasta que un desgraciado accidente en una prueba celebrada en Alemania casi acaba con su vida. Arrastrando una salud precaria desde aquel día, se vio obligado, por prescripción médica, a huir de su país natal todos los inviernos, ya que

Lord Carnarvon,
el excéntrico
multimillonario
que pasaría
a la historia
por financiar
el hallazgo
arqueológico
más importante
de Egipto y por ser
víctima de una
supuesta maldición.

sus pulmones quedaron dañados de por vida en aquel trágico golpe. Y qué mejor sitio donde huir del invierno que Egipto.

Este cúmulo de circunstancias, de casualidades o llámenlo como quieran, fue lo que realmente llevó a Lord Carnarvon hasta las orillas del Nilo, donde cambió de vida a la vez que empezó a amar la egiptología. Interesado desde muy joven por las antigüedades, en un país como este podía dar rienda suelta a su imaginación y sus anhelos. Así, en 1906 comienza sus excavaciones, pero pronto se da cuenta de que le falta experiencia y conocimientos en este campo, por lo que, ni corto ni perezoso, se va a hablar con Maspero, uno de los mejores historiadores del momento, para que le recomiende una persona que pueda ayudarle en sus propósitos. Y éste le da el nombre de

Howard Carter (1873 - 1939), el famoso egiptólogo británico que localizó en 1922 la tumba de Tutankamon. Fue el único superviviente de los promotores del proyecto. Todos los demás murieron en circunstancias extrañas.

Howard Carter, un arqueólogo hasta entonces de segunda fila, que había trabajado a las órdenes de grandes excavadores como Petrie y el norteamericano Davis.

Me gustaría decir que Maspero le dio este consejo porque tenía una fe ciega en este joven inglés. Sin embargo, nada más alejado de la realidad. La razón principal de esta recomendación era que Carter estaba en aquel momento libre, sin trabajo alguno, siendo la mejor opción a escoger. El muchacho estaba harto de llevar una vida tediosa en el servicio de antigüedades de Luxor y dimitió de su cargo en 1905, intentando así apagar su ilimitada sed de aventura.

Este hombre, desconocido todavía para la Historia, era una persona meticulosa y de gran valentía, como demostró en 1916 mientras se hallaba de vacaciones cerca del Valle de los Reyes. Sumergido en la Primera Guerra Mundial, Egipto había descuidado la salvaguarda de muchas de sus joyas arqueológicas. Esta circunstancia fue la que empujó una noche a varios ancianos de una pequeña aldea a ir a advertirle de que un grupo de ladrones había encontrado una tumba y la estaba saqueando. Sin pensárselo dos veces, Carter fue hasta el lugar de los hechos, donde fue testigo de la batalla campal que se producía entre dos bandas de ladrones ante la entrada del sepulcro. Una vez terminada la escaramuza, se acercó junto con los ancianos hasta la boca del pozo que habían excavado y se deslizó por la cuerda hasta que los sorprendió in fraganti. Allí dentro, se enfrentó solo a ocho hombres. Para resolver la situación, les dio a elegir entre dos opciones: salir inmediatamente de la tumba o, en caso contrario, que las

Cuando se rompió el primer muro un mundo de maravillas y objetos imposibles se abrió ante los ojos del asombrado arqueólogo.

personas que había arriba cortaran la cuerda y todos, incluido él, quedaran allí sepultados para siempre. Y lo increíble es que el improvisado plan funcionó.

Creo que ha quedado clara la fuerte personalidad de los dos hombres. Carter y Carnarvon eran dos aventureros a los que el destino unió, como ahora veremos, para siempre. Con una exquisita educación británica, ambos renunciaron a una vida cómoda porque algo dentro de su alma los empujaba al riesgo y a lo desconocido. Seguro que a día de hoy ninguno cambiaría ni un solo día de su vida, aunque el destino al final les jugara una mala pasada.

Tutankamon nace para la Historia

Cuando llegaron allí se presentó ante sus ojos un enorme queso de Gruyère. Un valle desértico lleno de agujeros y de montones de escombro, por el que paseaban infinidad de turistas. No existía por aquel entonces ni un solo plano que reflejara cuántas excavaciones se habían hecho y qué número de tumbas habían sido halladas. Así era el Valle de los reyes en 1917, año en que Carnarvon y Carter comenzaron a excavar, un lugar que en principio no revestía ya ningún valor para la Arqueología, pues se pensaba que allí no quedaba nada por descubrir. Cien años antes, Belzoni escribía: "Estoy completamente convencido de que en el valle de Biban-el-Muluk no hay más tumbas que las conocidas a través de mis descubrimientos recientes". Y en 1844 Richard Lepsius, opinaba de la misma forma. Además, Carter ya había excavado durante años en el mismo lugar en compañía del norteamericano Davis sin que sus descubrimientos hubieran tenido gran importancia. Pero, aún así, no tenían otro lugar mejor donde ponerse a trabajar, por lo que no vacilaron en su intento.

Los indicios con los que contaban para suponer que podrían hallar la tumba de Tutankamon eran muy débiles. En los trabajos que Carter hizo con Davis años atrás aparecieron cerca de la tumba de Ramses VI una copa de porcelana con el nombre del faraón, unas vasijas de barro llenas de trozos de arcilla y pedazos de lino, y unos sellos también de barro con mención al mismo rey. Quizás lo más importante de cuanto se halló fue en una tumba de pozo cercana; trozos de un arca con láminas de oro con el nombre del mismo faraón, restos que empujaron a Davis a creer que había encontrado la sepultura de Tutankamon, un pobre y casi vacío agujero. Era lógica la suposición,

Howard Carter controló meticulosamente y en persona el traslado de los objetos hallados en la tumba.

Pared de oro que surgió al tirar uno de los muros
que encontraron en la primera sala que se descubrió.

pues este rey menor no debió de tener una tumba
excesivamente suntuosa, y los restos que allí quedaron
habrían sido saqueados con el paso de los milenios, tal y
como sucediera con todo el valle. Pero, como en tantas
otras ocasiones, las hipótesis lógicas acerca de lo que
sucedió a lo largo de la Historia fallaron.

En 1917 Carter y Carnarvon comienzan sus excavaciones, trazando un triángulo justo delante de la tumba
de Ramses VI; pero al descubrir por completo su entrada,
sacando a la luz también unas chozas para obreros, deciden
buscar en otro lugar. Así transcurren varios años,
excavando en diversos sitios donde no hallan nada de
importancia. Hasta que, al fin, en noviembre de 1922,
vuelven al lugar donde comenzaron y deciden tirar las
viejas chozas. Apenas llevaban dados un par de golpes de
piqueta y apareció ante ellos una pared de argamasa que
bien podría ser la entrada de una tumba. Tras dos días de
desescombro ya no había duda, al descubrir el duodécimo

Máscara de Tutankamon. Realizada en oro macizo, nos da una idea de cómo debieron ser los tesoros de otros reyes más importantes.

escalón salen a la luz los sellos que indican que pueden encontrarse ante un hallazgo de grandes proporciones. Carter rompe un trozo de la pared e introduce una linterna eléctrica para observar que hay un largo pasillo tapado con piedras, lo que indica que son los primeros en haber descubierto el lugar, con lo que llama a Carnarvon y decide esperar a que éste llegue a su lado.

El día 24 retiran de nuevo los escombros de toda la escalera, y al llegar al escalón 16 pueden contemplar toda la pared y el nombre de Tutankamon, con lo que ya no les queda duda de que están ante la tumba de este desconocido rey. Pero la inquietud se apodera de ellos al examinar la puerta de argamasa con detalle y comprobar que los sellos habían sido rotos y reparados, lo que les induce a pensar que ladrones u otras personas ya habían estado allí miles de años antes. A pesar de todo, rompieron esta primera barrera y, tras varios días de trabajo, los obreros desescombraron los casi ocho metros de pasillo que les llevaron hasta una segunda puerta. En ésta, figura de nuevo el sello del faraón. Sin embargo, vieron también señales claras de que alguien había estado allí, y su nerviosismo creció por momentos. Lo que pasó en los siguientes minutos es ya un clásico de la arqueología. Con mano temblorosa, Carter hizo un agujero en la parte superior izquierda de la segunda puerta ayudándose de una barra. Una vez hecha la oquedad, pasó una llama varias veces para cerciorarse de que no había ningún tipo de gas tóxico y, a continuación, introdujo la barra comprobando que había un gran espacio hueco. Entonces, prendió con sus manos llenas de polvo una cerilla y encendió una vela, introduciéndola poco a poco por el agujero que había hecho. Lord Carnarvon, impaciente, le preguntó:

–¿Ve usted algo?

Y Carter, girando su rostro, atónito y con la mirada perdida, le respondió:

–Sí, algo maravilloso.

La cueva de las maravillas

Aquella insignificante llama había alumbrado el mayor tesoro que jamás haya descubierto un arqueólogo: en total, algo más de seiscientas piezas fueron catalogadas en esta primera cámara, muchas de ellas de oro. Se tuvieron que preparar depósitos especiales para conservar y estudiar los objetos encontrados, pero la tumba del que sería a partir de ese instante el más famoso faraón de todos los tiempos no acababa ahí. Esta era tan sólo la antecámara de la tumba, un lugar al que también habían llegado los supuestos ladrones que, al parecer, no robaron ni uno solo de los objetos de oro; sin embargo, habían hecho un agujero en la pared que posteriormente fue sellado de nuevo, posiblemente en busca de algún objeto cuya naturaleza desconocemos. Aunque existe la posibilidad de que simplemente fueran cogidos in fraganti hace miles de años, su forma de actuar, por los restos que se habían encontrado, fue bastante extraña.

¿Qué buscaron exactamente? ¿Por qué dejaron intacto el tesoro de la antecámara? Lo que ocurriera en aquellas

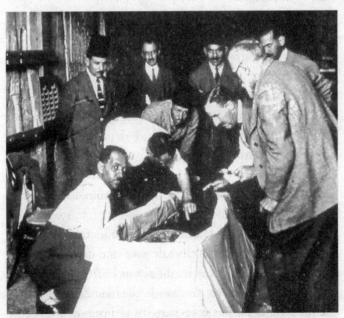

Howard Carter y su equipo examinando la momia del faraón. Poco después muchos de los presentes en esta imagen morían en extrañas circunstancias.

galerías hace miles de años es un hecho que todavía queda envuelto por una densa nebulosa.

Pero los hallazgos acababan tan sólo de comenzar. Justo en el centro de dos figuras que representaban centinelas había otra puerta sellada donde debía de encontrarse el sarcófago del faraón. A la apertura de esta nueva sala acudieron un total de veinte personas entre destacadas autoridades y colaboradores a los que se pensó que era imprescindible invitar. Aquel grupo de privilegiados tuvo la ocasión de presenciar en directo uno de los acontecimientos más importantes del siglo XX, cuyas crónicas fueron portada en la mitad de los periódicos de todo el mundo.

Tras realizar un pequeño agujero en la pared, Howard Carter introdujo una linterna eléctrica amarrada por una cuerda para observar con detalle lo que tenía ante sí. Pero todo lo que veía era una enorme pared amarilla, llena de adornos e inscripciones, hasta que se percató de que aquello no era más que un enorme muro de oro macizo. Es fácil suponer las caras de asombro que debieron mostrar los presentes al comprobar lo que estaba surgiendo ante ellos. Era, claramente, el tesoro más fabuloso que jamás se hubiera descubierto en la historia de la humanidad. Carter continuó descubriendo poco a poco la pared, hasta que por fin se dieron cuenta de que el muro de metal precioso no era tal, sino que se encontraban ante uno de los lados del féretro del faraón, cuyas medidas eran 5,20 por 3,35 por 2,75 metros. Entraron con sumo cuidado en el estrecho pasillo que había hasta la pared y al bordear el enorme ataúd descubrieron otra sala pequeña repleta de objetos de oro. Este era, realmente, el tesoro del faraón y no el encontrado en la primera sala, pero su imaginación, obviamente, nunca hubiera sospechado nada parecido.

La prensa mundial anunció a bombo y platillo lo sucedido, nadie hasta esa fecha pensó que las riquezas y las maravillas de Egipto hubieran alcanzado cotas tan altas. Jamás civilización alguna realizó enterramientos ni por asomo parecidos al que se acababa de descubrir. Con un agravante: si Tutankamon fue un faraón que pasó por la Historia sin pena ni gloria, cómo serían en realidad las tumbas de los grandes reyes de Egipto, qué cantidad de riquezas pudieron llegar a albergar otros enterramientos como, por ejemplo, el de Ramses II. Por desgracia nunca lo sabremos.

La fría sombra de la muerte

Los días próximos al descubrimiento se antojaban gloriosos, la nube de periodistas desplazados hasta el lugar desde los rincones más remotos del globo no paraba de revolotear alrededor de los implicados en los increíbles hallazgos. Pero un factor siniestro y desconocido cambió el rumbo de los acontecimientos. De repente, y ante la sorpresa de todos, comenzó una larga, imparable e inexplicable cadena de muertes que desvió la atención de la opinión pública en una nueva dirección: la prensa concedía ahora más importancia a la supuesta maldición del faraón que a los impresionantes descubrimientos que se habían dado en el país del Nilo.

Uno de los primeros en fallecer fue Lord Carnarvon. Sus días terminaron de manera trágica, pero además, las circunstancias que rodearon la última noche que pasó con vida son realmente extrañas. El noble inglés pereció a las dos de la madrugada del 23 de abril de 1923 en El Cairo, justo a la misma hora que un apagón de luz sembró la penumbra en toda la ciudad. La compañía eléctrica no halló argumentos para explicar las causas del fallo en el servicio, pero lo más increíble no es eso. A la misma hora a la que Lord Carnarvon fallecía en Egipto, su perra Susie moría inexplicablemente en Inglaterra dando unos aullidos que hicieron palidecer al servicio de la vieja mansión familiar. Para la defunción del intrépido Lord se dieron dos posibles hipótesis: la primera es que fue debido a la infección de una pequeña herida que se realizó afeitándose, y la segunda que la causa fue la picadura de un mosquito. Aunque la especie del insecto nunca se especificó, lo cierto es que el noble, al salir de la cámara funeraria, dijo: "Creo que me ha picado algo".

Pero la tragedia que habría de sufrir la familia Carnarvon no quedó ahí. Lord Aubrey Herbert, hermano del fallecido, se suicidó en un arrebato de locura. Y la esposa del que fuera impulsor del descubrimiento de la tumba, Lady Elizabeth Carnarvon, pereció en febrero de 1929 por la picadura de un insecto "desconocido", lo que nos recuerda el extraño final que sufrió su marido.

Fueron unos años muy duros para el arqueólogo Howard Carter, que vio en un desfile macabro cómo iban cayendo uno tras otro sus mejores amigos y colaboradores. Y lo increíble no era sólo la mala pasada que le estaba jugando el destino, sino las circunstancias que rodeaban la tragedia. El príncipe egipcio Ali Kemel Fhamy fue asesinado por su esposa en el Hotel Savoy de Londres, pocos días después de haber visto la tumba. Arthur Mace, el asistente de Carter, falleció antes de que pudiera ser vaciada la tumba, y su secretario Richard Bethell hizo lo propio en noviembre de 1929 de nuevo de forma inexplicable, pues fue a echarse una cabezada en el Bath Club de Londres, estando totalmente sano, y jamás despertó, sin que los médicos hallaran la causa de lo sucedido. Esto sin contar casos como el del egiptólogo francés Georges Benedite, que tuvo una caída mortal a los pocos días de visitar la tumba. O el caso más increíble de todos, el de los doctores Douglas Derry y Alfred Lucas, que murieron de sendos ataques al corazón en 1925, como si un sincronismo incomprensible se empeñara en llevárselos al más allá en fechas similares y por la misma enfermedad.

Ante tal cúmulo de increíbles y continuadas tragedias, corrió como la pólvora entre la prensa de todo el mundo la leyenda de la maldición de Tutankamon, que en este caso, más que leyenda, parecía ser algo real, no sólo por las muertes que se estaban produciendo sino porque el sello de la antecámara de la tumba de Tutankamon decía lo siguiente: "Transportada por sus alas, la muerte sorprenderá a cualquiera que se acerque a la tumba del faraón". Y mientras esto sucedía las defunciones no cesaban: Sir Archivald Reid, el encargado de realizar las radiografías de la momia, murió de vuelta a Londres tras realizar su trabajo; al igual que le ocurrió al industrial británico Joel Wool, para quien el transatlántico se convirtió en su última morada; al multimillonario estadounidense George J. Gould, que murió al día siguiente de visitar la tumba. En total, de las veinte personas que había cuando se descubrió el sarcófago, fallecieron trece, y la cadena de víctimas relacionadas con el hallazgo alcanzó el número de treinta, interrumpiéndose las defunciones al comenzar la siguiente década. Haciendo cuentas, de los impulsores del proyecto para sacar a la luz el cadáver del faraón, sólo sobrevivió Howard Carter, aunque sufrió un accidente que lo dejó prácticamente incapaz. Este último, hombre meticuloso y racional, siempre rechazó la existencia de la maldición; pero debido a su precario estado de salud y a las circunstancias que le tocó vivir, siendo consciente de cómo todos sus amigos tenían un final trágico e inesperado, acabó su existencia solo y apartado, falleciendo en 1939. Y es que quizás, para Carter, la maldición fue contemplar el resto de su vida.

El hongo inteligente

Desde el punto de vista científico se ha intentado dar varias explicaciones a la cadena de muertes. La que podemos ver en la mayoría de los libros es la posible existencia en la cámara del *Aspergilus Niger*, un hongo muy tóxico que se forma en los cuerpos en descomposición cuando estos han estado en un ambiente cerrado. Este dañino microorganismo se puso de moda para la arqueología en 1973, cuando del grupo de científicos que manipuló los restos del rey Casimiro III el Grande, sólo sobrevivieron dos. Los síntomas que presentaron los investigadores llegados hasta Cracovia para realizar estos trabajos eran un cuadro compuesto por fiebres muy altas y dificultades respiratorias. Los posteriores análisis médicos demostraron la existencia de este hongo en el cadáver, y la tragedia se hubiera evitado si todos los que manipularon el cuerpo del rey se hubieran puesto unos guantes de goma y una simple mascarilla.

Pero comparar este caso con el de Tutankamon es muy complicado. Mientras que los implicados en la manipulación de Casimiro III presentaron un cuadro clínico claro y similar, no sucede lo mismo en lo referente a la cadena de muertes que rodea el descubrimiento del sepulcro del antiguo faraón. Picaduras de insectos "desconocidos para la biología", accidentes de todo tipo, suicidios, ataques cardíacos, neumonía, etc. Todo un variopinto cóctel de formas de fallecer. Además, hay ciertos detalles que se antojan, cuando menos, curiosos. La hija pequeña de Lord Carnarvon, Lady Evelyn Herbert, fue una de las veinte personas que estuvo en la apertura del la tumba y murió anciana en 1980, sin que ningún tipo de hongo le afectara en su vida. Y qué decir de Richard Adamson, el militar encargado de la custodia del descubrimiento, que durmió en la antecámara durante meses por temor a que robaran los tesoros y que también falleció muy mayor, concretamente en la década de los ochenta. Si hubo pues algún hongo, bacteria o virus en el lugar, atacó sólo a quienes impulsaron realmente el descubrimiento y las excavaciones, respetando la vida de los que estaban allí por casualidad, sin interés alguno en los secretos del antiguo Egipto.

Tampoco me gustaría terminar este capítulo afirmando que la maldición es real; mejor dejarlo tan sólo en que las extrañas muertes que acontecieron tras abrir la tumba son un enigma. Algo que nos hace, sobre todo, reflexionar acerca del verdadero poder que tuvo la magia egipcia, y que nos da una lección de humildad, pues a todos, en el mayor de los éxitos, como les sucedió a Carter y a Carnarvon, nos puede sobrevenir la mayor de las tragedias. Vivamos, pues, siempre la vida como si hoy fuese nuestro último día, buscando y vibrando con todo lo maravilloso que nos rodea, en Egipto o en cualquier otro lugar.

Capítulo 8

El templo de Edfu

*H*uella imborrable de un tiempo mágico en que los dioses moraban en las arenas del desierto del Sahara, el templo de Edfu se nos muestra, todavía hoy, como una lujosa mansión repleta de inquietantes secretos. Un lugar de peregrinaje para iniciados y eruditos que han visto en sus paredes y en sus crípticos signos de una historia fantástica aún por descifrar.

Cuando los dioses caminaban por la Tierra

Situado en una de las orillas del río Nilo, entre los templos de Esna y Kom Ombo, se alza majestuoso el antiguo santuario de Edfú. Su ubicación no tiene, al menos en principio, nada de especial, pues la mayoría de

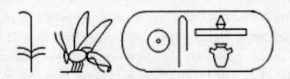

Sello de Amenemes I.

los lugares sacros del antiguo Egipto se encuentran en la ribera del río, que era también sagrado para ellos. Sin embargo, nada dentro de la arquitectura religiosa de la antigüedad era escogido al azar. Hechos y leyendas que se pierden en el alba de los tiempos marcaron lugares sagrados, pedazos de tierra donde más tarde la mano del hombre dejaría una huella imborrable de lo sucedido. Allí se construían siempre elementos que rememorasen la Historia. Menhires, petroglifos, templos, obeliscos… no vienen a ser más que la expresión de una misma cosa, un recuerdo en piedra o cualquier otro material del tiempo en que los dioses caminaban por la tierra. Y en el caso que abordamos en esta ocasión, el templo de Edfu, son multitud los elementos y pruebas que de una manera palpable nos trasportan hasta aquel tiempo remoto que fue tan maravilloso como real, al menos dentro de la tradición más antigua surgida en el país del Nilo.

Conocido en la antigüedad como Duat-n-ba, que significa "el otro mundo del alma", el lugar donde se hallan los restos del templo que hoy podemos visitar tiene un topónimo tan críptico como inquietante. Es como si espíritus sagrados o seres de otros mundos hubiesen estado allí antes de su construcción, al menos eso parece querer susurrarnos su toponimia. Y así lo reflejan también las leyendas egipcias, ya que según nos relatan antiguos textos, el lugar al que nos referimos fue ni más ni menos que el escenario de la batalla entre los dioses Set y Horus por el control del Universo. El dios con cabeza de halcón, al que está consagrado el templo, y su tío el dios de las tinieblas, batallaron justo encima de las arenas donde hoy se levanta Edfu. Los jeroglíficos que decoran sus paredes nos hablan de este lugar como "el gran asiento del Dios en la primera ocasión", entendiéndose las palabras "la primera ocasión" como la época del Zep Tepi, el tiempo en que los neteru, los antiguos dioses, gobernaban la tierra. Pero si todo esto es, de por sí, inquietante, no lo es menos otro párrafo del templo donde se recoge que los planos y la ubicación del magnífico edificio se han realizado en función de algo que "cayó del cielo". ¿Una señal divina o algo que volaba como lo hacía el dios halcón al que está consagrado? Nadie puede saberlo, sin embargo este es un enigma más a añadir sobre el origen de este bello templo.

Pero no sólo sus textos, también las representaciones gráficas que hallamos en sus paredes nos transportan hasta un tiempo ignoto. Así, podemos ver grabados donde se muestra cómo los primeros dioses sobrevivieron al diluvio, llegando en una gran barca a Egipto desde una isla repleta de juncos en la que vivían antes del gran

Edfu, una arquitectura colosal que hoy día nos asombra y nos inquieta. No sabemos como lo hicieron.

cataclismo. La conclusión lógica a todos estos datos es que el carácter sagrado de Edfú fue marcado por estas epopeyas mitológicas que tuvieron lugar en una época tan remota como oscura. ¿Hasta qué punto estos hechos fueron totalmente reales o no son más que deformaciones de primitivas leyendas? Es algo que se pierde en el recuerdo. Los ritos relacionados con la existencia del diluvio aparecen en casi quinientas culturas diferentes, y pruebas geológicas recientes parecen confirmarlo. Sin embargo, el caso de Egipto es diferente, ya que en lugares como el templo de Edfú se dan datos concretos de cómo sucedieron hechos de este tipo, marcando, en este caso, el lugar de la llegada de los antiguos dioses o, simplemente, digamos que de los primitivos habitantes de un remoto país a día de hoy desaparecido. Según la tradición egipcia, los anu fueron las primeras tribus que llegaron en esta particular diáspora, y a ellas se debe la creación de la cultura faraónica. Aunque este es un tema que daría para hacer otro libro.

En la casa del dios halcón

Flanqueada su entrada por dos enormes estatuas de granito que representan halcones, aunque por desgracia hoy tan sólo quede uno, el templo de Edfú es uno de los mejor conservados de la cultura faraónica. Esto se debe a que lo que podemos contemplar cuando nos situamos ante él no es más que una reconstrucción tardía de un templo mucho más antiguo. Los jeroglíficos que se reparten por doquier en sus paredes así lo atestiguan, además de que todas las pruebas arqueológicas recopiladas en este sentido confirman tal hipótesis. La reconstrucción fue ordenada por el faraón Ptolomeo III en el año 237 a.C., y concluyó en el año 57 de la misma era, en que ya gobernaba Ptolomeo XIII, padre de la que sería la última reina de Egipto, Cleopatra.

Las obras debieron de ser bastante complicadas por seguir al pie de la letra la estructura inicial del templo, ya que cualquier tipo de modificación hubiera provocado que su simbología y su valor religioso hubieran quedado alterados; factor por el que se encargaban de velar los sacerdotes del templo, aunque sí es más que probable que su tamaño sea ahora mayor que en la construcción original. La sala hipóstila, una de las partes más importantes del edificio, reservada para que se realizaran en ella parte de los grandes ceremoniales, se concluyó en el año 122 a.C., ciento quince años después de que se iniciara la reconstrucción del edificio. De suma importancia es también el *Sancta Santorum* del templo, su habitáculo más sagrado, reservado en la liturgia para los sacerdotes y el faraón, cuya parte fundamental es la capilla, en este caso un gigantesco bloque de granito pulido de cuatro metros de alto, tipo naos, de Nectabeo II, en cuyo interior probablemente se guardaba una estatua del dios Horus, señor del recinto. Esta pieza de vital importancia es la original del primer templo, piedra sagrada angular sobre la que se planificó su reconstrucción.

Son muchas las particularidades que convierten al templo de Edfu en un lugar religioso único sobre otros que también se reparten a lo largo y ancho de todo Egipto. Para empezar, su orientación de sur a norte, cuando el canon en la gran mayoría de templos similares es que la disposición sea justo la contraria, de norte a sur.

Respecto a las fechas concretas de su primera construcción, los cimientos de parte de sus muros exteriores e interiores datan del Imperio Antiguo, entre el 2575 y el 2134 a.C., sin que tengamos certeza de quién fue el rey que ordenó su creación. Y más tarde, durante el segundo Período Intermedio, que va desde el 1640 hasta el 1532 a.C., se construyó otro muro exterior, posiblemente por motivos puramente defensivos.

El primer detalle de importancia simbólica que salta a la vista al llegar hasta el templo de Edfu es la concepción de los dibujos de su fachada principal. Enfrentados en forma de espejo, con la puerta como eje de separación, nos relatan "la fiesta del hermoso encuentro" donde se hermana al Horus de Edfu con la Hathor de Dendera. Esta diosa era representada como una vaca o con figura de

La penumbra en el interior de los templos debía acentuar el choque emocional producido por los cantos y rezos de los sacerdotes.

mujer, coronadas ambas por unos cuernos en cuyo interior estaba representado el disco solar. Su nombre se puede traducir como "la morada de Horus", y de entre sus títulos cabe destacar el de "madre de la luz". Simbolizaba el principio femenino de la creación del universo, motivo por el que fue ampliamente venerada en el antiguo Egipto. Es su relación de maternidad con el dios halcón lo que provoca que el templo de Edfu y el de Dendera estén hermanados, como nos reflejan los dibujos ya mencionados. Su figura, tal y como comprobaremos a lo largo de este artículo, es también clave para entender el auténtico valor de este lugar.

Pero por encima de todos estos usos, la función principal de este templo, tal y como relataba al comienzo de este capítulo, es la de rememorar la victoria de Horus sobre su malvado tío Set. Conocido entre varios historiadores y arqueólogos como "el drama de Edfu", patente en los jeroglíficos y en las representaciones de sus paredes interiores, queda constancia no sólo de esta epopeya mitológica, sino también de la "fiesta de la victoria". Para tal evento se elaboraba un enorme pastel con la figura de Set representado como un hipopótamo de reducido tamaño que se arrastra a los pies de un halcón, el dios Horus. La simbólica tarta era arponeada por los sacerdotes ante los fieles, para después ser comida por los presentes.

La casa de Horus era el lugar que conmemoraba la batalla en que el bien y la luz vencen al mal y la oscuridad al comienzo de los tiempos. Su misión era, por encima de todo, la de recordar aquella victoria épica. Pero los sacerdotes tenían claro que aquel episodio era tan sólo una batalla dentro de la eterna guerra que desde el comienzo de los tiempos enfrenta al bien con el mal. Así que la verdadera función del templo es muy posible que fuera mucho más compleja y secreta de lo que nos han narrado hasta ahora algunos historiadores.

Entre luces y sombras

Simbología y magia caminan unidas de la mano en los antiguos templos egipcios como el de Edfu. Es necesario, por tanto, cuando se pasea contemplando sus paredes y sus rincones, no perder detalle del fabuloso espectáculo del que estamos siendo partícipes. En el caso que abordamos, lo más destacable del recinto sagrado consagrado a Horus es el juego de luces y sombras que se presenta ante el visitante. Poco a poco se va pasando de recibir la luz total del sol, sin trabas, en la primera sala hipóstila, a recogernos cada vez más en un ambiente lúgubre, pincelado sólo por algunos tenues destellos. Viene a ser una estructura y una sensación que también se da en otros lugares y culturas, es el viaje del iniciado al mundo de las tinieblas donde tendrá que vencer sus propios miedos para volver a nacer de nuevo y convertirse de esta forma en un hijo de la luz.

Sin embargo, este juego parece convertirse en algo obsesivo en Edfu, quizás por ser un templo que se construye para rememorar la victoria del bien y de la luz sobre las tinieblas. De esta forma, pasear por las salas más profundas del templo es como caminar por un escenario iluminado por un técnico del mejor cine de Hollywood. Luces puntuales sobre elementos claves y total oscuridad alrededor, que nos transmite una sensación de recogimiento y solemnidad ante la atenta mirada de las imponentes figuras de los antiguos dioses. El templo de Edfu está hermanado desde el punto de vista simbólico con los de Dendera y Abydos, pues en todos ellos vivieron antaño los Shemsu Hor, los hijos del fabuloso dios halcón que gobernaron la tierra en tiempos pretéritos.

Y cierto es que también en ellos el juego de luces y sombras con el que se encuentra el viajero es más que notable. Sin embargo, existen elementos en los tres templos que nos hacen pensar que detrás de ese misterioso juego existen detalles mucho más complejos. Allá por el año 1982, los investigadores Peter Krasa y Reinar Habeck se quedaron sorprendidos en el templo de Dendera por la visión de unos dibujos de lo que parecían ser bombillas gigantes, que serían utilizadas con fines prácticos o rituales por los antiguos sacerdotes de Egipto.

Al lado de aquellos instrumentos, palabras como "luminosidad" o "gran poder de Isis" parecían corroborar

El formidable templo de Edfu. Los arquitectos egipcios diseñaron aquí un ingenioso sistema para provocar choques emocionales mediante juegos de luces y sombras.

aquella hipótesis que pronto se hizo famosa en medio mundo. Esto, sumado a que jamás se han encontrado rastros de herrumbre en las pinturas egipcias, parece confirmar en cierta medida que los antiguos egipcios pudieron conocer algún tipo de energía eléctrica eL y que fueron capaces de utilizarla para proporcionarse luz artificial. La posibilidad de este extraño conocimiento, y el hecho de que los templos de Dendera y Edfu estén hermanados fue lo que provocó que durante varias horas me dedicase a observar los más pequeños detalles de sus paredes. Si este era el templo donde la luz vence a las tinieblas, algún objeto similar al que aparece en Dendera tenía que encontrarse por aquí.

Y fue subiendo por la escalera del pasillo que sube a la azotea del edificio donde hallé la sorprendente figura de Hathor encabezando una procesión de dioses mientras sostiene en sus manos un objeto similar a una bombilla.

Lo cierto es que, al ver esta figura, no pude evitar que pasara por mi mente aquel "gran poder de Isis", representado en esta ocasión en un templo cuya misión principal es la de conmemorar la primera victoria de la luz sobre las sombras. Respecto a la función ritual del pasillo donde se encuentran las enigmáticas figuras, decir que éste servía para que los sacerdotes subieran por él en la ceremonia del Año Nuevo. Aunque, por desgracia, poco más conocemos sobre aquel olvidado ritual.

¿Hasta dónde llegaron la ciencia y la tecnología en el antiguo Egipto? La verdad es que no lo sabemos, pero miles de detalles parecen demostrarnos que, enterrados bajo las arenas, todavía se guardan cientos de secretos. ¿Quién sabe? Quizás algún día la luz que Hathor sostiene en este viejo rincón de Edfu pueda despejar antiguas incógnitas.

La prehistoria del cristianismo

Son cada vez más los investigadores que señalan un origen egipcio a muchos ritos y signos cristianos, lo cual no es muy de extrañar si tenemos en cuenta que Jesús de Nazaret pasó una buena parte de su vida en el país del Nilo. En esos años, de los que apenas quedan referencias escritas, es muy posible que Jesucristo tuviera relación con conocimientos y signos que más tarde aplicó a la religión que Él mismo fundó.

Pieza clave de esta historia puede ser el templo de Edfu y los ritos a Horus, pues en el mammisi de este recinto, la zona exterior que se encuentra enfrente de la entrada y que era reservada para las procesiones, podemos encontrar representaciones de Horus en las que, a modo de pescador, recoge las almas de sus fieles. Pero no es sólo este detalle, también aparece, por ejemplo, cómo el nacimiento del dios halcón es atendido por varios reyes que le llevan presentes desde lugares lejanos, de la misma forma que le ocurrió al Nazareno.

Pero ha sido sobre todo el hecho de que el pez, signo que más tarde adoptan los cristianos como insignia, aparezca también en algunos glifos de una manera simbólica relevante, lo que ha llevado a muchos a pensar que el templo de Edfú tuvo en su día un papel relevante en el nacimiento de una religión que ha marcado a occidente llevando, de nuevo, al candelero, la hipótesis de que los conocimientos esotéricos de Egipto han impregnado el resto de cultos religiosos que surgieron más tarde en el Mediterráneo. De ahí la importancia de investigar con todo detalle los extraños signos y los incomprensibles ritos que hace milenios se practicaron en los templos egipcios. Y es que en ellos bien puede hallarse todavía una parte perdida de nuestra historia.

Capítulo 9

Otras cosas maravillosas

*E*xtraño y absurdo, imposible pero real... Así es la Historia de Egipto, un relato de fantasía salpicado de hechos y hazañas sorprendentes, cuyo legado puede visitarse a la vez que uno se embriaga de los exóticos perfumes que desprenden las orillas del Nilo. Un recorrido que nos mostrará templos que encierran la magia de otros tiempos, y monumentos que se alzan como colosos desafiantes ante la vista del asombrado viajero.

Sin embargo, con este libro no he pretendido sólo que sus ojos sean capaces de tener una perspectiva diferente a la hora de enfrentarse al desafío de la arquitectura y la ciencia egipcias. Además de lo que salta a la vista, el país de los faraones encierra otro tipo de hechos, que son tan relevantes o más de lo que se nos muestra en un periplo

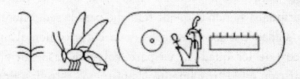

Sello de Seti I.

como turistas. Son las cosas que siempre quedan en el tintero, pero cuyo conocimiento nos ayudará, en cambio, a tener una visión global más acertada de lo que realmente supuso en la antigüedad la cultura egipcia. Hechos que nos llevarán a conocer la vida de algunos de los personajes más célebres de su Historia, facetas ocultas de la vida de aquellas gentes que un día iluminaron el desierto, o sencillamente relatos fantásticos que nos transportarán hasta aquel mundo mágico, abriéndonos las puertas de nuestra imaginación. Abran, pues, las puertas de su mente, y sitúense en la orilla de un hermoso río jalonado por frescos oasis, siéntense a la sombra de una verde palmera y cierren los ojos. Ahora relájense y escuchen con atención, porque la brisa que empujaba hace miles de años las falucas, continúa susurrando hoy la misma canción. Una melodía maravillosa soplada por los labios de los antiguos dioses, que nos relata historias olvidadas, transportándonos hasta un tiempo irreal en el que los hombres vivían con pasión su incierto destino.

El primer espía de la Historia

Caía la tarde y el cansancio hacía mella en la expedición, eran ya muchas semanas de viaje por el tórrido desierto. La cena a base de dátiles, pan y otras viandas era la justa para reponer fuerzas, y el agua, aunque caliente, continuaba siendo el mejor remedio para la sed. Mientras los soldados y los miembros de la corte comentaban lo poco que les quedaba ya para volver a casa, hicieron aparición en el firmamento las primeras estrellas. Era el momento indicado para ir a la tienda y emplearse a fondo en el arte de soñar, el deporte favorito de los antiguos egipcios. Sin embargo, Sinuhé, cuyo nombre significa "el hijo del sicomoro", se sentía inquieto, hacía ya varias horas que no había visto al faraón y eso le intrigaba. Si por cualquier motivo hubiera tenido que ausentarse, a buen seguro que se lo habrían comunicado; no porque él fuera alguien importante, sino porque una noticia así no podía permanecer en silencio mucho tiempo. Así que decidió dar un paseo para ver si el frescor de la madrugada le aclaraba las ideas a la vez que daba sosiego a sus inquietudes. Sin embargo, aquella decisión, en principio intrascendente, cambiaría su vida por completo.

Mientras deambulaba sin rumbo fijo, pudo escuchar en la lejanía la aireada conversación de varios generales. Su curiosidad enfermiza fue lo que lo empujó a esconderse tras unos matorrales, y allí agazapado contempló cómo sus peores temores se hacían realidad, Amenemhet I había muerto. Su hijo, y también faraón desde hacía varios años, Sesostris I, había abandonado el campamento a toda prisa para comenzar la preparación de los funerales de su padre. La noticia de por sí era terrible, pero la tragedia y la incertidumbre no quedaron ahí. Los generales conspiraban para acabar con la vida del nuevo rey y hacerse de esta forma con el poder.

Una guerra civil estaba a punto de comenzar, y él sería uno de los primeros en caer, pues pertenecía al séquito de la reina Nefru la Perfecta, y estaba inmerso en el bando enemigo. Había que hacer algo y rápido, por supuesto huir. Podía tomar el camino hacia la capital, pero al notar su marcha los militares irían a buscarlo en esa dirección y le darían caza con rapidez. Sólo quedaba una opción, la más dura y complicada: internarse de nuevo en el desierto. Pero esta vez por su cuenta y riesgo, afrontando las penurias del camino a la vez que encomendaba su destino a los dioses. Y así fue.

No tuvo tiempo de coger apenas nada cuando, deslizándose sigiloso entre las sombras, empezó una peculiar aventura hacia lo desconocido. Su obsesión principal era, en un principio, no encontrarse con nadie que pudiera reconocerlo o dar cuenta de él, pues su vida se vería en peligro. Así llegó hasta la ribera del río Nilo, donde aprovechó para comer los regalos que da esta fértil tierra. En ese día un campesino se topa con él, pero Sinuhé le devuelve el saludo sin más para no desvelar su verdadera identidad, y emprende raudo la marcha. Más tarde, se hace con una faluca y logra atravesar el río sagrado para internarse definitivamente en el desierto. Estos fueron, sin duda, los días más difíciles, pues llegó un momento en que vio claro cómo su vida tocaba a su fin. Sin agua y sin comida era sólo cuestión de horas que la más horrible de las muertes acabase con sus días. Su garganta estaba seca y su lengua hinchada, las piernas le temblaban por la deshidratación y el impacto del sol destrozaba su cuarteada piel. Sin embargo, los dioses, en sus ininteligibles designios, fueron misericordiosos, una caravana de beduinos se topó de bruces con el moribundo, rescatándolo del sueño de los muertos.

De esta forma, Sinuhé conoce gran parte de las regiones de Oriente Medio, lugares donde la civilización alcanzó cotas de desarrollo tan impresionantes como las de Egipto. Así, se establece durante un año y medio en la ciudad asiria de Biblos, para ir más tarde hasta Palestina, donde se asentaría definitivamente. Allí es llamado a la corte por el rey, que se interesa por las andanzas de tan singular personaje, pero nuestro protagonista acude con miedo, pues junto al monarca ya viven otros egipcios que pueden sospechar de él.

Postrado ante el rey es interrogado y se ve obligado a mentir, comentando que su infortunado viaje fue más que nada un designio de los dioses, pues se extravió en el desierto donde los beduinos lo recogieron. Reafirma entonces su lealtad a Sesostris, que por aquel entonces era ya único faraón de Egipto, y sus increíbles andanzas son recibidas con asombro y admiración en tan lejanas tierras, donde pasará a ocupar un lugar de privilegio. El rey de Palestina queda prendado por el carisma del aventurero y le ofrece no sólo protección mientras permanezca en aquellas tierras, sino también la mano de su hija primogénita, convirtiéndose de esta forma en uno de los hombres más importantes del país.

Su matrimonio está lleno de felicidad y es bendecido con multitud de hijos, que hacen de su vida una hermosa poesía de la cual él es el protagonista. Se siente en esos instantes un palestino más, aunque jamás borra de su memoria sus orígenes. Tiene que ir entonces a la guerra para defender a su nuevo país de las invasiones que llegan desde el este, pueblos bárbaros de saqueadores a los que mantiene a raya ahora como general, aumentando su fama más aún, si cabe. Pero de vuelta a su particular paraíso es desafiado públicamente por el más valeroso de los guerreros palestinos, un gigante que jamás había perdido un duelo. El combate era casi un suicidio, pero Sinuhé no puede eludir la lucha o sería tachado de cobarde, y lo peor no era ya la muerte, sino que el vencedor de la batalla se quedaría con las tierras y pertenencias del vencido. Así pues, su familia caería en un desahucio en el que sólo pensar le torturaba el alma. Toda la noche estuvo el egipcio entrenándose en el uso de las armas, afilando su espada y su lanza, tensando su arco y encomendándose a los mismos dioses que lo habían traído hasta tierras tan lejanas, rogando para que su bendición lo protegiera de una muerte segura. A la mañana siguiente, cientos de personas aguardaban desde el alba para presenciar el desigual combate. Allí le esperaba el gigantesco, impasible y feroz guerrero, dispuesto a llevarlo de un golpe a una ineludible cita con Anubis, el dios chacal que acompaña a los muertos.

Comenzó la lucha y Sinuhé utilizó su inteligencia, corriendo a la vez que retrocedía ante los ataques de su adversario. ¿Es cobarde la gacela cuando huye del león, o simplemente inteligente? Así pudo cansar a su enemigo e interponer entre los dos cierta distancia, la suficiente como para tensar su arco, sacar una flecha y dispararle al corazón justo cuando ya lo tenía encima, hacha en mano. El disparo fue certero, y los gritos de júbilo de los suyos retumbaron como un eco glorioso en aquella tierra árida. El egipcio, de nuevo, había vencido al destino.

Su fortuna desde aquel día se tornó inmensa, y su vida plácida y tranquila rodeado por los suyos, sin embargo, el corazón del que había nacido a la sombra de las pirámides mantenía un anhelo, el de regresar a su patria para morir. Sólo allí los sacerdotes conocían los secretos para que su alma viajara altiva hasta el otro mundo, sólo ellos le podían garantizar el descanso eterno. Ya viejo, con más de sesenta años, repartió sus tierras y su poder entre sus hijos, mientras la nostalgia hacía presa de su espíritu. Y fue por aquellas fechas que un mensajero real proveniente del palacio del faraón llegó hasta Palestina para verle. Su vida y hazañas habían llegado como un fantástico rumor hasta la corte del Nilo, y el mismísimo Sesostris era el que le pedía su retorno hasta su amada patria. Sinuhé no lo dudó, se despidió de los suyos y emprendió la marcha Por fin su último anhelo se había cumplido.

De nuevo con los beduinos, los señores del desierto, aquellos que conocen los caminos que deambulan por la nada, emprende el camino de regreso. Al llegar a la frontera se despide de sus compañeros de tantas aventuras entregándoles lujosos regalos, mientras los guardias egipcios le dan protección hasta el final de su último viaje. Una vez en la corte nuevos temores le asaltan: ¿clamará el faraón venganza por su huída? Sin embargo, el abrazo sincero de Sesostris disipa todas sus dudas. Para él tienen preparada una lujosa hacienda con numerosos sirvientes. Al llegar a su nuevo hogar, es bañado, afeitado, peinado y ungido con ricos aceites y finos perfumes para devolverle su aspecto egipcio. Y allí pasó feliz los últimos años de su vida viendo cómo le preparaban un hermoso funeral dedicado sólo a los héroes. En definitiva, una historia real que ya ha pasado a las novelas y al cine en 1954. La vida de un hombre que afrontó siempre con decisión su destino, en un tiempo en que los dioses aún vivían en la tierra.

La vida de Sinuhé viene narrada con detalle en los papiros 3.022 y 10.499 que se guardan en el Museo de Berlín. Son, en resumen, las hazañas de un miembro de

Beduinos en el desierto. El camello, un animal particularmente resistente y duro, ha hecho posible la vida allí.

la corte que llegó a ser adorado por su pueblo. Sin embargo, es muy posible que tras este relato se oculten otros intereses más mundanos. El que un miembro de la corte acabe con un puesto de poder en las tierras de Palestina para, más tarde, ser aclamado como un héroe, bien podría ser el relato de un infiltrado.

Así, en una posición más al este, podría combatir con los ejércitos de aquellas tierras las posibles invasiones que más tarde se cernirían sobre Egipto. Un aventurero o, sencillamente, la vida del primer espía de la Historia, la verdad es que jamás lo sabremos. Aunque lo innegable es que la inteligencia, el valor y el tesón de este hombre han hecho que su nombre rompa las barreras del tiempo.

Así, miles de años después, sus proezas son suficientes como para merecer un lugar también en este libro. Un aventurero en el fondo que, en el alba de los tiempos, inventó una palabra que más tarde fue el lema de toda una época, romanticismo.

El enigma de los dioses de piedra

Desde que el hombre se sintió solo en el universo tuvo la necesidad de hablar con los dioses. Los oráculos han existido con este pretexto en todas las civilizaciones y en todos los tiempos. Lugares oscuros, apartados, cargados de antigua magia, donde los mortales podían consultar con las divinidades acerca de su futuro, ser sanados, buscar justicia... En resumen, un sitio donde acariciar de una manera palpable la bondad o el coraje de aquellos que habían creado la Tierra. Y Egipto no iba a ser una excepción a esta máxima universal.

En el caso del país del Nilo todos los templos en sí mismos eran edificios creados para este propósito, no sólo para adorar a los dioses, sino que también eran concebidos como un lugar para ponerse en contacto con ellos. De este modo todos tenían tres partes bien diferenciadas. La primera de ellas era una gran sala al aire libre que acogía al pueblo llano en las ceremonias y rezos. La segunda parte era una cámara cubierta donde se situaban los nobles y miembros de la corte, que solía estar más elevada que la primera. Y, por último, un pequeño habitáculo reservado sólo a los sacerdotes e iniciados, donde se guardaban las estatuas que representaban a los dioses. Todo el edificio estaba construido de forma que diera la impresión de que al avanzar por él se llegaba hasta una parte mágica, más tenebrosa y oculta, que era dominada por los religiosos. Su nombre era el de "santo de los santos" y en ella se guardaban las figuras de piedra que representaban a los dioses. El más idolatrado de ellos era, cómo no, Amón, tocado con dos enormes plumas que parecían estar incrustadas en su cabeza. Pero lo curioso no son todos los detalles que hasta ahora les voy narrando, ya que pueden aparecer de forma similar en otras religiones, lo realmente increíble es que estas figuras de piedra no sólo eran idolatradas, sino que según los antiguos textos tenían la capacidad de hablar, sanar, predecir el destino e incluso podían verter juicios sobre causas penales.

El caso más conocido sobre estatuas parlantes en Egipto es sin duda el de los colosos parlantes de Memnón. Las dos representan al faraón que mandó construirlas, Amenofis III, y están situadas en la puerta del templo funerario de este rey. Del mausoleo ya no quedan apenas restos de importancia, sin embargo, los dos gigantes, aunque muy deteriorados, permanecen desde hace más de tres mil años en el mismo lugar. Según nos relatan las antiguas crónicas, las estatuas emitían un sonido al despuntar los primeros rayos de sol sobre el desierto. Son muchas las teorías que se han esgrimido para explicar este fenómeno, desde que los colosos tuvieran algún mecanismo oculto que produjera esta extraña música, hasta que el cambio de temperatura que se produce al amanecer provocara una dilatación en las piedras que fuera el responsable del sonido. De una forma o de otra lo que sí queda claro, por la gran cantidad de pruebas que hay al respecto, es que los gigantes cantaban todos los días, sin falta, su melodía matutina. Y esto fue así hasta el tiempo de los romanos, cuando el emperador Septimio Severo decidió restaurarlas. Justo desde ese instante, cuando las manos de los artesanos italianos se posaron sobre ellas para devolverles el esplendor perdido, enmudecieron. Posiblemente los talladores y arquitectos que se encargaron de su lavado de cara, desconocían el mecanismo que provocaba su canto, y al intentar arreglarlas les dejaron como efecto secundario una afonía que todavía perdura.

Pero este caso de estatuas mágicas no es único, ni mucho menos, en el antiguo Egipto. Según creencias ancestrales, el alma o ka de los difuntos se podía recoger en una estatua, y a través de ella entrar en contacto con el espíritu del fallecido. Antiguas crónicas nos relatan por ejemplo cómo Alejandro Magno, después de ser proclamado emperador, asistió hasta el oasis de Siwa para pedir allí consejo al dios Amon. En el templo sagrado que guardaba la figura del ser supremo, el general pudo mantener una larga charla con la estatua, en la que ésta predijo su futuro, a la vez que le dio varios consejos. Lecciones que, por otro lado, de poco le sirvieron, pues falleció al poco tiempo, a la edad de treinta y tres años, sin haber conseguido sus propósitos.

Son multitud los textos que nos narran como las estatuas sagradas hablaban con los mortales, asentían con la cabeza, negaban las preguntas e incluso sanaban. Las teorías para explicar tales hechos son de lo más variopinto. Para muchos había en cada templo un sacerdote que era un experto en ventriloquia, mientras otros comentan que las figuras estaban dotadas de mecanismos articulados que les permitirían libertad de movimientos, o que serían sencillamente los religiosos los que entraran en trance, dando los mensajes en nombre del dios consultado, tal y como sucedía en otras latitudes. Sin embargo, todas estas hipótesis, muy obvias por cierto, no han sido hasta la fecha capaces de resolver de una forma definitiva el enigma.

Mención especial merecen, sin duda, las estatuas que tenían la capacidad de sanar. A tal respecto existe un texto en una estela de Ramses II que es bastante esclarecedor. En ella se comenta cómo el faraón llegó hasta Naharin, donde fue recibido y aclamado por varios mandatarios extranjeros, entre ellos el rey de Bekkten, que le entregó a la más hermosa de sus hijas. Ramses aceptó a la muchacha con agrado y la convirtió en su consorte, siendo plenamente feliz a su lado. Años más tarde, un emisario proveniente de Bekhten llegó hasta la corte, llevando consigo una terrible misiva, la hermana de la princesa había contraído una desconocida enfermedad que paralizaba sus piernas. El faraón llamó entonces a los sacerdotes de la casa de la vida, los más sabios entre los hombres que podían sanar el alma humana. Uno de ellos fue enviado hasta aquel lejano país y mandó una nueva carta donde se decía que el causante del mal era un espíritu maligno que había poseído a la doncella. Entonces, el faraón ordenó que una estatua de Khonsu, el dios que expulsaba a los malos espíritus, fuese enviada desde Tebas hasta Bekhten para que la muchacha fuese liberada de su tortura. Dos sabios custodiaron la figura durante los diecisiete meses de viaje, hasta que por fin llegaron a la corte extranjera. Con la solemnidad requerida mostraron la estatua a la joven, que sanó al instante. Tal fue el éxito de la misión, que el rey de aquel lejano país se negó a devolver el busto de Konshu, hasta que un sueño revelador le empujó a regresar la famosa figura hasta donde correspondía. Una noche, durante la vigilia, el monarca contempló cómo un

Las estatuas egipcias no sólo son representaciones de personas que daban así culto a su ego, son receptáculos de su ka, su alma. Así lo creyó Ramses II.

halcón dorado levantaba el vuelo y emprendía el camino de Egipto. Aquel presagio fue rápidamente interpretado como una revelación propiciada por el busto del dios, que quería regresar a su tierra; petición que fue rápidamente complacida.

La verdad es que no sabemos cómo, ni de qué manera, pero el caso es que en el antiguo Egipto las piedras parecían tener vida. Es muy posible que algún día los hallazgos arqueológicos puedan desvelar los mecanismos utilizados para que las citadas figuras obrasen tales milagros. Pero, sin embargo, la ciencia jamás les podrá devolver sus míticos poderes; porque la magia es incomprensible y escurridiza, como las melodías que todas las mañanas cantaban las estatuas de Memnon.

La reina que buscó el país del oro

No era fácil el oficio de ser mujer en la antigüedad; aunque de vez en cuando surgen en el curso de la

Historia personas que son capaces de imponerse, gracias a su carisma, al rumbo que marcan las pautas sociales. Este es el caso de la reina Hatsepsut que gobernó el país del Nilo entre los años 1503 y 1482 a.C. Hija única del faraón Tutmosis I, le estaba impedido por las leyes reales ostentar el poder, que de hecho mantuvo su esposo y hermanastro Tutmosis II hasta su muerte. Y es entonces cuando se produce esta circunstancia cuando la reina consorte decide dar un golpe de estado, apoyada por su canciller Senmut, arrebatándole de esta forma el trono a Tutmosis III, sobrino también de la misma. Pero, culebrones aparte, el caso es que Hatsepsut pasó por méritos propios a las páginas de oro de la Historia egipcia por mantener durante su mandato una época de brillante esplendor; aunque por encima de sus cualidades políticas, que nadie pone en duda, lo más sorprendente de su mandato fueron, sin duda alguna, las expediciones que organizó hasta el desconocido país de Punt.

Tres son las pruebas que ponen de manifiesto la irrefutable existencia de este paradisíaco lugar. De un lado, los restos de un lápiz labial donde se encontraron restos de antimonio; de otro, la tablilla funeraria de un piloto egipcio y, por último, las ruinas del templo de Deir el Bahari, erigido en honor al dios Amon. Construido al oeste de Tebas en un abrigo rocoso, tuvo una doble función, la de templo y morada del más importante de los dioses egipcios, y la de mausoleo donde albergar los restos del padre de la reina y los suyos. Considerado el "jardín de las delicias de Amon" sus terrazas albergaron árboles de mirra traídos desde el misterioso Punt. La enigmática faraona envió hasta lejanas tierras una expedición para traer hasta Egipto mercancías como jamás antes se habían visto. El caso es que existen varias referencias a largo de la Historia que nos hablan de este lejano país, e incluso se menciona en poemas de amor, pero nada sabemos acerca de la ruta que debía seguirse para llegar hasta él.

Posiblemente debido a las riquezas que albergaba, la localización exacta de este enclave fue guardada como un secreto de estado, evitando así que otras potencias expoliaran también los ricos frutos de la tierra de Punt.

En la tablilla funeraria del piloto Knemhotep se relata con detalle cómo fue en once ocasiones hasta el citado país, a las órdenes del capitán Hmj, e incluso se especifica la fecha del primer viaje, el año 1493 a.C. Lo relevante pues de Hatsepsut con respecto a otros monarcas regentes en el país del Nilo, es que ella estrechó los lazos comerciales con este misterioso enclave. Los restos de antimonio encontrados en relación con estos viajes nos señalan de una manera directa una zona del centro de África, en concreto Rhodesia del Sur, donde existen, además, importantes yacimientos de oro, maderas nobles, marfil, y grandes colonias de monos, mercancías todas ellas traídas de las citadas expediciones. Sin embargo, no podemos afirmar con certeza que Punt se corresponda con esta zona africana, puesto que hay otras regiones en Somalia o Zimbabwe que también reúnen los requisitos necesarios para haber sido este misterioso lugar.

De lo que no cabe ninguna duda es de que su probada existencia era un secreto de estado que muy pocos conocían, por eso han sido también numerosos los investigadores que han identificado este país con Ofir, donde se encontraban las famosas minas del rey

Salomón. Y es que, no en vano, el monarca judío era yerno del faraón Psausenne II. Así, muchos piensan que los egipcios compartieron su secreto con el pueblo judío a cambio de que estos les defendieran del temido imperio asirio, cortando de este modo las posibles invasiones que pudieran llegar desde el este y demostrando, una vez más que, por desgracia, detrás de muchos de los relatos fantásticos de la Historia tan sólo se ocultan móviles políticos.

Más tarde, Ramses III, en el año 1180 a.C., estableció en aquel apartado país una colonia de mineros para que trajeran desde allí abundantes cantidades de oro. Sin embargo, tan sólo en el templo de Deir el Bahari, construido por Hatsepsut, podemos ver con todo detalle cómo era realmente el dorado Punt.

En las escenas representadas en una de sus terrazas aparecen los monarcas de aquel país recibiendo a los emisarios egipcios, e incluso podemos observar con detalle cómo se truecan vino, cerveza y otros productos por los metales preciosos y los árboles de mirra que más tarde se plantarían en el citado templo. Choca de estas escenas que las ropas de los habitantes de aquel lugar sean muy parecidas a las egipcias, además del aspecto de su reina, aquejada de alguna enfermedad que le provocaba una obesidad deforme, lo que ha llevado a muchos historiadores a afirmar que padecía elefantiasis.

Poco o nada sabemos en referencia a la muerte de Hatsepsut, si fue natural o si, por el contrario, fue asesinada. El caso es que Tutmosis III ordenó borrar su nombre de todas sus obras, queriendo así enmudecer la verdadera vida y legado de esta persona excepcional que en su día fue la mujer más poderosa de la Tierra. Como ya es sabido los necios, al ser incapaces de pasar a la Historia por sus acciones, intentan borrar de la conciencia colectiva todo aquello que, de una forma u otra, les superó. Sin embargo, nada puede con el alma de aquellos que se enfrentan a la injusticia establecida. Así Hatsepsut siempre será recordada como la primera mujer que pudo vencer a su destino.

El desierto, con las pirámides al fondo.
© Creativos Multimedia.

Capítulo 10

Akhenaton, un faraón
que se adelantó al tiempo

*H*ay ocasiones en la Historia en las que un hombre es capaz de tener una visión que lo adelanta al ritmo de los acontecimientos, alcanzando una comprensión de la sociedad, de la religión, de la familia y de la vida que no se corresponden con las de su tiempo.

Normalmente, este tipo de personas son quemadas en las hogueras inquisitoriales, lapidadas, desterradas y cualquier tipo de resto que quede de su nombre y sus obras, borrado.

Pero este odio ciego que despiertan no nace de la racionalidad, sino de la cobardía de los poderosos, que sienten miedo ante todo lo nuevo, pues ven en la innovación el germen de un orden revolucionario donde su estatus puede verse amenazado. Sin embargo, es gracias a este

Sello de Akhenaton.

189

El dios sol, Ra,
fue sustituido por
el esotérico Aton
de la mano de un faraón
que cambió la historia.

tipo de visionarios con ideas frescas y valientes que el mundo avanza. La pena es que, normalmente, sus méritos se reconocen después de su muerte, al cabo de los años, de las décadas e incluso de los milenios, como el caso que nos ocupa ahora.

Un faraón que amaba el arte más que la guerra, que no se avergonzaba de sentirse enamorado de su esposa y que repartía todo cuanto era del estado entre sus súbditos, para que estos se sintieran felices y dichosos.

Un monarca que por su comportamiento estuvo fuera de su tiempo con todos lo problemas que esto obviamente le trajo, pero que como todos los bohemios y soñadores de la Historia murió feliz.

Relegado a un segundo plano, seguro que en su último suspiro esbozó una leve sonrisa, espejo de la satisfacción que sólo pueden sentir los que ven la vida de una forma justa y sincera.

El niño con el que nadie contó

La vida en la corte transcurría placentera para los niños salvo por la rectitud de los sacerdotes, que los atosigaban sin descanso con la intención de que se convirtieran en hombres doctos en Teología. La religión era no sólo la base de la vida y del mandato del faraón, ya que el rey era descendiente directo de Dios, sino también la clave para dominar al pueblo. Drogado por el aura divina de los diferentes dioses y sometido por el poder mágico de los sacerdotes, el pueblo jamás osaba resistirse a los designios de la oligarquía egipcia, pues más que a los poderes terrenos siempre se temía a los del más allá, ya que lo sobrenatural en esta vieja tierra era algo palpable y cotidiano.

Esta fue, durante milenios, la base de la civilización que dominó gran parte del mundo, unos cimientos contra los que nadie se atrevía a enfrentarse. Pero este muchacho absorto y distraído iba a romper con todo lo establecido.

Amenofis IV fue un niño que pasó desapercibido en la vida familiar e institucional de la corte de su padre Amenhotep III. Prueba fehaciente de ello es que apenas aparece en las representaciones que podemos ver sobre la vida palaciega de la época.

Todos los honores y el protagonismo se los llevaba su hermano mayor Tutmosis, pero la tragedia se cebó en él

Nefertari,
la esposa de un rey
que fue el primer
monoteísta
de la historia.
Sobre su origen
persisten todavía
varias incógnitas.

y la corte se conmovió con su temprana muerte. Fue sólo a partir de ese instante cuando el muchacho adquirió importancia, podemos decir incluso que desmesurada y prematura. Pues, aunque no está comprobado, casi con toda seguridad tuvo un tiempo de corregencia con su padre, hasta que éste falleció en el año 1349 a.C. Y es a partir de ese instante cuando, de la noche a la mañana, comienza un período de cambios en Egipto como antes jamás se había conocido.

La economía del país del Nilo se basaba en tres pilares fundamentales: por un lado, las fértiles cosechas que se obtenían gracias a las crecidas y al limo que su bondadoso río sagrado les otorgaba; como segundo factor estaban los tributos que el faraón recibía de los terrenos conquistados,

Akhenaton recibiendo la gracia del dios Aton, representado por un disco solar que emite rayos hacia las manos del faraón.

un impuesto de vasallaje que no se perdonaba jamás, pues si no se hacía el pago, la respuesta era la guerra; y, por último, Egipto contaba con el oro que los nubios debían entregar periódicamente, extraído de las explotaciones mineras que se encontraban al sur. Esta conjunción de hechos fue lo que lo convirtió en el país más fuerte de la antigüedad y permitió que su imperio llegase a abarcar gran parte de las tierras de Oriente.

Todo ello envuelto en una fastuosa y deslumbrante religión que afianzaba los pilares de la sociedad y que otorgaba al faraón el poder absoluto. El rey era de talante autoritario y gobernaba con mano firme; no son extrañas las representaciones de un monarca matando personalmente a los enemigos capturados en la batalla.

Esta imperturbable mezcla fue la clave del éxito de su civilización, sin que el orden establecido experimentara cambio alguno durante milenios.

Imagínense por un momento lo que supuso que, en el cuarto año de reinado de Amenofis IV en solitario, éste decidiera cambiarse el nombre dinástico por el de Akhenaton "el servidor de Aton", despreciando al supremo dios Amon, a la vez que suprimía el sacerdocio, ordenaba cerrar los templos y repudiar a los antiguos dioses cambiando los ritos que durante milenios habían sido parte de la vida cotidiana a las orillas del Nilo , y erigía una nueva capital del Imperio. Para llevar a cabo esta increíble revolución, despreció todas las funciones que hasta entonces tan severamente habían cumplido los reyes de Egipto.

Nace una nueva religión

Muchas han sido las razones que se han esgrimido para comprender los verdaderos motivos que impulsaron a Amenofis IV a emprender un cambio tan drástico. Para algunos historiadores, lo que quiso realmente el nuevo faraón fue realizar un profundo cambio social, pues la casta sacerdotal   poseía un tercio de las tierras de Egipto, cuyas cosechas estaban además exentas del pago de tributos. Es posible que el joven rey se sintiera, por tanto, una marioneta en manos de los sacerdotes, y al eliminar su religión no hacía otra cosa que quitarles el poder.

Pero si esto hubiera sucedido así, el nuevo monarca habría intentado reforzar su imagen imponiendo un nuevo credo que no sólo lo elevara a los altares, sino que también le confiriera un halo mayor, si cabe, de divinidad, pues con ella el pueblo le sería más fiel que nunca. Sin embargo, nada más alejado de la realidad, como ahora comprobaremos. Los motivos para un cambio tan drástico, rápido y profundo fueron más sencillos y a la vez más fantásticos de lo que podríamos imaginar. Tal y como nos refleja una estela de la ciudad de Tell el Amarna, mientras el faraón se hallaba cazando leones, contempló un disco solar descansando en una roca con un brillo rojo y dorado.

Estatua de Amenofis IV, en la que podemos observar su figura afeminada que algunos arqueólogos achacan a una malformación genética.

El faraón y su esposa jugando con sus hijas, una imagen pública
que jamás habían dado los monarcas de Egipto.

Aquel milagro en forma de sol le impresionó de tal
manera que se postró ante él, tomando esta experiencia
como una revelación. A partir de ese instante su vida
cambió, y también la del imperio que estaba bajo su
mandato.

Debido a esta visión, suprime los antiguos dioses
instaurando una nueva religión, que a diferencia de la
primitiva es bondadosa y justa para el pueblo llano. Los
templos ya no son patrimonio exclusivo de los nobles y
los sacerdotes, sino que se convierten en la casa del pueblo.
Así, la sala hipóstila de uno de los nuevos recintos
religiosos que manda construir en Karnak tenía 102

metros de anchura por 53 de profundidad, convirtiéndose en la nave más grande que existiera dentro de un templo antiguo. En aquellas naves pretendió dar cabida a todos cuantos quisieran acercarse hasta las mieles de este nuevo Dios.

Las numerosas ofrendas ya no eran para los sacerdotes que hacían de intermediarios ante los ídolos, sino que se repartían entre la gente sencilla, para que tomasen todo cuanto les hiciera falta.

Pero si se analiza con detalle y profundidad, su revolución religiosa es mucho mayor que cualquier otra que jamás haya existido. No en vano, el culto a Aton se convierte en el primer credo monoteísta de la Historia, varios siglos antes de que el profeta Isaías hiciera lo propio con el pueblo hebreo.

Tal y como afirmó en su obra *Moisés faraón de Egipto* el investigador Ahmed Osman, es más que probable que profetas posteriores se basaran en la vida y en la filosofía de Akhenaton para crear sus nuevas religiones, no sólo por predicar la existencia de un único Dios, sino por la doctrina en sí.

El ansia de compartir, que implicó de forma indirecta la primera forma de socialismo, y la fe en que la familia era la base de una sociedad digna e igualitaria son, sin lugar a dudas, los grandes éxitos que más tarde hicieron del cristianismo la religión más importante de cuantas hayan existido. Sin olvidar a aquellos que afirman que este olvidado faraón fue, por su política y filosofía, el primer comunista de la Historia, aunque por encima de clasificaciones lo que realmente podemos afirmar es que fue un incansable soñador.

Aton frente a Amon

Los cambios emprendidos por Amenofis IV fueron mucho más allá de la religión, provocando una profunda mutación en la sociedad egipcia, algo que jamás le perdonaron los poderosos. La mejor forma de comprobar lo que estoy afirmando es la comparación entre los dioses Amon y Aton. El primero de ellos totalitario, una entidad a la que se debía servir; el segundo, amable y generoso, no le importaba incluso bendecir al resto de naciones hermanas de Egipto; algo que fue visto como un sacrilegio por la casta sacerdotal, un sustrato tremendamente xenófobo que veía a los extranjeros como ciudadanos de segunda clase y a sus naciones como vasallas del país del Nilo, que no compartirían jamás su sabiduría ni sus secretos con cualquiera que procediera de más allá de las fronteras.

Sobre ambos dioses se crearon himnos que hacían las veces de plegarias. Y en sendos poemas queda claro el talante de cada uno de ellos, carácter que, obviamente, era el impuesto en la forma de pensar y vivir de los egipcios. Como en casos así lo mejor es que de primera mano puedan juzgar ustedes mismos lo que les comento, les extracto literalmente los dos textos para que puedan comprobar lo que estoy comentando. El más antiguo de ellos, que sirvió para honrar a Amon en Egipto durante milenios, dice así:

El único que ha creado lo que existe. Aquel de cuyos ojos salieron los hombres, de cuya boca nacieron los dioses. Aquel que ha creado la hierba para el ganado y los árboles frutales para el hombre; aquel que hace

vivir los peces en las corrientes y los pájaros en el cielo;
aquel que insufla el aire en el huevo y que nutre la cría
del gusano. Aquel que hace vivir los mosquitos, los
gusanos y las pulgas; aquel que proporciona lo que
necesitan los ratones en sus madrigueras y que nutre a
los pájaros de todos los árboles.

Compuesto durante el reinado de Amenofis II, el texto deja bien claro que todo soplo de divinidad y de vida es gracias a Amon. Éste es un dios al que hay que servir, pues nada existe sin su gracia; artimaña que utilizaban los sacerdotes para dominar al pueblo llano, erigiéndose en los únicos intermediaros posibles con él, como guardianes de sus templos.

En el himno a Aton, que es además el poema más extenso que ha llegado hasta nuestros días del antiguo Egipto, podremos notar un cambio drástico, en cuanto a benevolencia y sobre todo proyección de la nueva religión, los que nos hace sospechar seriamente cuáles eran las reales intenciones de Akhenaton.

¡Oh viviente Aton, principio de vida!
Creador del germen de la mujer,
hacedor de la semilla del varón,
dador del aliento que anima a todas las criaturas.

¡Múltiples son tus obras!
Éstas se ocultan delante de nosotros.
¡Oh único dios, cuyos poderes nadie más posee.

A todos los que están en lo alto,
que vuelan con sus alas
tú subvienes a las necesidades.

Cuán excelsos son tus designios
¡Oh dios de la eternidad!
Hay un Nilo en el cielo para los extranjeros
y para el ganado de todos los países.

Amaneciendo, brillando, alejándote y volviendo,
tú haces millones de formas
sólo a través de ti mismo.

Tú creaste los países extraños, así como
la tierra de Egipto
tú pusiste a cada hombre en su lugar
los hombres hablan en muchas lenguas
y son distintos en cuerpo y complexión
pues tu distinguiste entre personas y personas.

Nadie más te conocía
salvo tu hijo Ajnaton,
tú lo hiciste prudente
en tus planes y en tu fuerza.

En este extenso poema y, por primera vez, en toda la Historia de Egipto, se comenta que la bondad de sus dioses llega hasta el extranjero, pero no es una simple mención, sino una constante en el himno que se repite en varias ocasiones; aparte de que como en cualquier religión Dios

El rostro de Nefertari es una de las obras cumbre del arte egipcio, denotando la gran belleza de la que hacía gala la reina.

encarne el principio de la vida. No hay manera de explicar un cambio tan radical en tan breve período de tiempo, salvo por dos razones. Que Akhenaton tuviera un plan preconcebido para realizar una conquista espiritual de todo el mundo conocido, o que realmente fuera un iluminado. Mucho más plausible parece la segunda, sobre todo porque desde que tuvo su famosa visión, actuó de acuerdo con esta forma de pensar descuidando el ejército, no atacando a los países que dejaron de pagarle tributos en vista del nuevo talante del faraón.

Ni tampoco hay constancia escrita de que saliera de Egipto para predicar su nueva religión, ya que en cuanto lo hubiera hecho los ejércitos de los reyes extranjeros no hubieran dudado en asesinarlo. Condenado, pues, a predicar su nueva fe sólo en su país, se contentó con hacer hincapié en que su credo era universal, transmitiendo una revelación que pretendía cambiar toda la Humanidad.

Ajetaton, la ciudad de los sueños

Un cambio religioso tan profundo debía ir acompañado de cambios políticos no menos drásticos. De ahí que el faraón junto a su esposa Nefertiti cogiera un barco, pusiera rumbo al sur y fuera a la búsqueda de un nuevo emplazamiento donde construir una nueva capital, relegando desde entonces a un segundo lugar a Tebas, centro neurálgico de Egipto desde tiempo inmemorial. En este mítico viaje sería el mismísimo dios Aton el que guiaría al monarca en la búsqueda de la nueva ciudad, así que el rey fue río abajo hasta que una señal divina le marcara el lugar escogido. Y fue trescientos kilómetros al sur de El Cairo, en una pequeña desviación del río que tiene forma de media luna y está protegida por abrigos rocosos, donde se detuvieron.

En la actualidad a este lugar se le conoce como Tell el Amarna, un enclave en principio poco apetecible, pues las crecidas del Nilo ni tan siquiera llevan sus limos hasta allí para que puedan darse fértiles cosechas. Sin embargo, en este apartado enclave el joven faraón tuvo otra revelación. Pasó allí la noche junto a su séquito y, al despuntar el alba, tomó su carro de oro y penetró en el desierto, esperando la ansiada señal. Aton fue de nuevo el que le marcó el sitio exacto donde construir la nueva capital del imperio, tal y como nos comenta un texto dictado por el monarca: "Ha sido el propio Aton quien me ha incitado a construir esta ciudad, Ajetaton", que significa "el horizonte de Aton".

Una metrópoli que desconcertó a los egiptólogos que la estudiaron y excavaron, pues en ella permanecían las huellas de aquel tiempo desconcertante repleto de cambios. Allí vivieron alrededor de cincuenta mil personas, y los restos que iban viendo la luz delataban que se había construido en un breve período de tiempo bajo un plan preconcebido. Ricos palacios, enormes edificios dedicados a labores administrativas y barrios para los obreros y artesanos. Aquella nueva capital se construyó con la idea de ver cumplidas las aspiraciones de un soñador, un lugar desde donde irradiar sus planes de cambio, que se plasmaron también en los nuevos templos, realizados para un culto distinto.

La nueva concepción del mundo afectó por primera y única vez incluso al arte egipcio. Cuando en 1925 el

Restos del palacio de Nefertari en la ciudad de Akhenaton, rodeados por un verde oasis.

arqueólogo Henri Chevrier descubrió estatuas colosales que rompían el canon estético que hasta ahora se había empleado no supo cómo explicar tales "aberraciones".

El faraón aparecía ahora con forma afeminada en contraposición a los cuerpos atléticos con los que siempre eran retratados los reyes. Anchas caderas, cuerpo asexuado, labios carnosos, rostro fino… y toda una serie de características que impulsaron a muchos a defender que aquel hombre padecía alguna enfermedad genética, en concreto la distrofia adiposo genitalis o síndrome de Frolich. Sin embargo, y aunque todavía son muchos los que defienden esta teoría, la realidad parece muy distinta. Tal y como escribe el escultor de las polémicas estatuas, Tutmes, fue el mismísimo Akhenaton el que le enseñó su arte, y este nuevo canon no sólo es aplicado a las representaciones del monarca, sino que puede verse también en gran cantidad de personajes.

Pero lo más curioso no es sólo la nueva forma en la que se plasmaba la elegancia egipcia. Son más increíbles todavía los retratos de la familia real. Akhenaton y su esposa Nefertiti son retratados en escenas que muestran su amor junto a sus hijas, en contra de lo que se hacía hasta entonces, representando al faraón como un semidiós esplendoroso de poder. Los reyes ya no cortaban la cabeza de sus enemigos, sino que despilfarraban amor para con los suyos. Incluso en las recepciones de la corte, donde llegaban los tributos junto a mensajeros venidos de medio mundo, estaban presentes las hijas del rey. La familia, pues, al igual que luego sucedió con el cristianismo, era concebida como la base de la sociedad. Y así, por primera vez también en la Historia de Egipto, el faraón era monógamo, teniendo una sola esposa a la que profesaba amor incluso en público, algo inconcebible hasta esta fecha. El cambio no se quedó ahí, sino que Nefertiti es representada con tocado real al igual que su esposo, un hecho sin precedentes hasta la fecha y que posiblemente marcó una igualdad de poder por parte de su consorte.

Otro de los hallazgos que despertó la curiosidad de los arqueólogos fue la aparición en 1887 de trescientas tablillas de arcilla con escritura cuneiforme, lo que supuso la existencia del primer archivo estatal con documentos pertenecientes a otros países. Pero de ellas también se podían extraer varias conclusiones más que afectaban a la marcha del reinado del faraón hereje. La más importante es que los ingresos de las naciones que rendían tributos a Egipto se estaban mermando, lo cual era bastante previsible: ningún rey extranjero iba a pagar a un faraón que predicaba el amor entre los hombres. De este modo, uno de los pilares básicos de la economía tradicional de Egipto se veía seriamente amenazado. Este fue, posiblemente, el principio de su declive, sumado a que los nubios siguieron el mismo ejemplo y dejaron de mandar el oro que se extraía de sus minas.

Poco o nada sabemos sobre su muerte. Para algunos, su fin vino a manos del maltratado clero que urdió una conspiración en el año 1334 a.C., para terminar con su vida, aunque el caso es que jamás se ha encontrado su cadáver ni el de su esposa, pues sus tumbas estaban vacías. Asesinado o no, nada sabemos realmente sobre lo que ocurrió en el fin de sus días. Quizás, tal y como soñaba, se fue a predicar por el mundo el amor, la paz y la fraternidad en las que tanto creía, encontrando su fin en algún rincón perdido donde ya nadie le hizo caso. Acerca de lo que le pudo suceder no podemos dar más que conjeturas. El caso es que, aún odiado por muchos, su ejemplo es digno de admirar en un tiempo tan cruel y tan lejano. Si sus obras no marcaron un antes y un después, sí lo hizo su forma de pensar. Y es que, como narra el gran egiptólogo norteamericano James Henry Breasted, Akhenaton fue "el primer idealista del mundo".

Anubis.
© Creativos Multimedia.

Breve guía para el viajero

*D*esde hace miles de años el río de la vida, el majestuoso Nilo, ha sido testigo del paso de millones de seres humanos que tomaban sus aguas como un sendero mágico que tenía el poder de acercarlos hasta el aura de los dioses. En el tiempo en que los faraones gobernaban Egipto, esta peregrinación tenía un sentido plenamente consciente por parte de los viajeros. Hoy, la realidad es muy distinta. Casi diez millones de personas realizan más o menos la misma ruta todos los años, pero desconocen el verdadero significado de los templos.

Aunque lo curioso es que muchos de los que emprenden este viaje, lo hacen siguiendo una búsqueda espiritual, parecida en muchos casos a la que vemos todos los años en nuestro país por el Camino de Santiago.

Igual que podemos encontrarnos en el periplo jacobeo a personas totalmente ateas, en Egipto hay personas que buscan la magia de los faraones aunque no crean en ella.

No es mi intención ni mucho menos, convertirme en gurú a través de las letras de este capítulo, cada cual que vea con sus propios ojos y sentimientos los templos del Nilo. Aunque si pienso relatarles en la última parte de este libro el significado oculto o esotérico de algunos de los monumentos más visitados del mundo.

De forma de que esta guía complemente de alguna manera la explicación de los guías, pues en esta profesión podemos encontrarnos verdaderos eruditos o auténticos ignorantes que tan sólo se han leído uno o dos libros sobre el tiempo de los faraones. Emprendamos pues nuestro particular peregrinaje por una de las rutas mágicas más antiguas y sorprendentes del planeta.

La casa del ego

Quizás todos en algún delirio de grandeza hemos soñado con convertirnos en dioses… pero tan sólo algunos lo han conseguido.

Sin duda una de las visitas obligadas que hay en Egipto es la del Templo de Abu Simbel. La llegada por barco hasta la orilla del gigantesco templo de Ramses II es uno de los momentos inolvidables que captarán nuestras retinas para el resto de nuestra vida. Aunque normalmente los viajes organizados nos llevan hasta este lugar a través de la carretera o por avión, desde la ciudad sureña de Assuan.

Desde el punto de vista arquitectónico el Templo de Abu Simbel es sin duda alguna el más espectacular de todo el territorio nubio, y su imagen de postal ha dado la vuelta al mundo. En cambio su significado, no tiene nada que ver con el de la gran mayoría de templos que podemos visitar en la zona, ya que su importancia religiosa únicamente tuvo que ver con el culto a un hombre que en vida fue proclamado dios, Ramses II. Este monarca que subió al trono entorno al año 1301 a.C., murió nonagenario y gobernó el país del Nilo durante sesenta y siete años.

Pero estos no son más que algunos datos respecto a los record que alcanzó este rey. Lo que realmente encumbró a Ramses II como dios fue su poderío militar, político y religioso, que no tuvo parangón en los tres mil años que duró la civilización egipcia.

Alcanzando el trono a temprana edad, tras la muerte de su padre Seti I, Ramses II comenzó una serie de reformas que le llevaron a controlar la excesiva cuota de poder que acumulaban los sacerdotes.

Hecho esto el rey comenzó entonces una cruzada que llevó las fronteras de su imperio hasta límites jamás conocidos. Adiestrado en las artes militares desde

La entrada en el templo de Abu-Simbel,
hoy día fuera de su ubicación original.

pequeño, se lanzó a la conquista de Oriente Medio al mando de veinte mil hombres. Sus campañas por Palestina fueron fulminantes y definitivas, y fue así como llegó hasta la frontera del otro gran imperio del mundo antiguo, el país de los hititas. Estos le hicieron frente en una de las mayores batallas de todos los tiempos, a las afueras de la ciudad de Kadesh. Allí Muwattali, el monarca hitita, se enfrentó a Ramses II con un ejército que le doblaba en número, cuarenta mil hombres. La batalla duró todo un día, y sobre lo que realmente pasó, se cierne todavía un oscuro velo que la historia jamás ha podido desvelar.

Según los textos de la época todos fueron ganadores, ya que ambos reyes se atribuyeron la victoria. Para los hititas su rey destrozó el ejército del faraón, mientras que los textos egipcios hablan del paseo triunfal de sus hombres. Lo único realmente cierto es que tras la guerra Ramses II se casó con Hattusilis, la hija de Muwattali, y de esta forma se selló una alianza que estabilizó Oriente durante siglos. Lo más lógico es pues pensar que la batalla de Kadesh quedó en tablas, aunque ambos monarcas jamás iban a reconocer tal realidad ante su pueblo.

Ramses II aprovechó esta época de estabilidad para convertir Egipto en una gran potencia económica y la bonanza fue una constante en todo su reinado. Se lanzó entonces a la construcción de varias obras que eternizaran su nombre, y cierto es que lo consiguió. La más destacada de ellas es sin duda alguna Abu Simbel.

A la entrada del templo podemos ver cuatro estatuas colosales del faraón de veintiún metros de altura y en su interior otras ocho más, también de enormes dimensiones.

En este templo Ramses II se autoproclama ni más ni menos que dios, reflejando en sus grabados y en sus textos su "victoria" en la batalla de Kadesh. Pero su vanidad no acaba ni mucho menos ahí, en las enormes pinturas que podemos ver a izquierda y derecha de la sala principal del templo, Ramses II, aparece coronado por todos los dioses.

De esta forma es que en este lugar podemos contemplar una de las pocas representaciones del Dios Set que hay en todo Egipto. Entrando al templo a la izquierda este dios, que por hacer un símil sería el mismísimo diablo, corona también a Ramses II, dejando claro de esta manera el monarca, que ante su poder el bien y el mal no pueden más que hacer reverencias.

Eso si, aunque vanidoso y egocéntrico, Ramses II tuvo al menos la deferencia de esculpir al lado otro templo para veneración de su esposa Nefertari. E incluso sintiéndose un dios, reflejó a algunos de sus hijos y esposas junto a sus pies, bajo las estatuas colosales de la entrada de Abu Simbel. Al menos, de vez en cuando, pensaba algo en el prójimo.

De todas formas, también es cierto qué, aunque bastante fanfarrón, Ramses II fue capaz de crear una de las más impresionantes obras egipcias y justo es disfrutar de su belleza en la actualidad, su significado, no tiene por que alterar la placidez de nuestra visita.

Bueno es pensar, cuando nos deslumbremos por lo espectacular de las sedentes estatuas de la entrada, que Ramses II, hombre y dios, pereció como cualquier otro mortal, y el severo juicio de la historia pasó también implacable, sobre su frío cadáver.

La isla de la diosa

El tiempo de los faraones terminó pero sus sacerdotes perpetuaron secretos rituales en una isla del río Nilo. El poder que encumbró a Egipto como un imperio durante tres mil años, no fue sólo militar. Su religión fue capaz de traspasar fronteras, y algunos de sus cultos se extendieron por todo el Mediterráneo arraigándose de una manera casi eterna en el mundo antiguo.

El último templo egipcio se clausuró en el año 535 de nuestra era por orden del emperador Justiniano. Cinco siglos y medio después de la muerte de Cleopatra, el último faraón, miles de peregrinos continuaban venerando el poder de una diosa cuyo aura de misterio fue capaz de vencer las barreras del tiempo.

La diosa Isis, esposa del rey del más allá Osiris, y madre de Horus, ese ser con cuerpo de hombre y cabeza de halcón que venció el poder de las tinieblas, tenía su

Templo de Isis en File, ahora en la isla de Agilka.

casa en una pequeña isla al sur del Nilo: el templo de Filé. Hasta este rincón acudieron durante siglos millones de personas para agradecer que con sus lágrimas, Isis, provocara las crecidas del gran río. Era pues una diosa de fertilidad, una gran madre dadora de vida, y su devoción entre los hombres fue tal que los romanos adoptaron también esta creencia y la extendieron por todo el Mediterráneo. Los ritos relacionados con Isis, aunque nos parezca imposible, han llegado hasta nuestros días dentro de una religión cristiana que adoptó buena parte de creencias paganas asimilándolas dentro de su seno.

El culto al agua era básico en los ritos que todos los años se practicaban en File, y es así como el hogar de la diosa Isis estaba, como no, en una isla. Hoy en día, debido al traslado que se tuvo que hacer del templo por la construcción de la presa de Assuán, se ha cambiado la ubicación del mismo a otra isla de mayor elevación, la de Agilka. El lugar original en el que estaba construido File, ahora sumergido, era conocido por el bello topónimo de "la isla de los tiempos".

Ya hemos comentado en este libro que para los antiguos egipcios un día en el pasado los dioses caminaron sobre la tierra, y en los lugares donde dejaron sus huellas, se erigieron los templos en su memoria, topónimos como el anteriormente referido nos corroboran esta creencia. Pero volvamos al agua y a su importante simbolismo en File. Al estar el templo enclavado en lo alto de una isla, se obligaba al peregrino a pasar sobre las aguas del Nilo, y aunque las abluciones son una constante en infinidad de religiones en este caso queda claro que la importancia de este elemento era mayor.

El templo de Filé, estaba por otro lado situado en pleno corazón de la tierra Nubia, donde los hombres tenían la piel de color negro. A todos estos simbolismos hay que añadir que la diosa Isis aparece en infinidad de grabados amamantando a su hijo Horus, que más que un bebé parece un adolescente en sus brazos.

Muchos de ustedes pensarán ¿hasta donde quiero llegar aportando todos estos datos? Muy sencillo. Comentaba al principio de este epígrafe que los cultos a Isis se extendieron por todo el Mediterráneo bajo la protección del Imperio Romano. Bien, pues hoy todavía, en pleno siglo XXI, podemos ver peregrinaciones en nuestro país, España, cuyo simbolismo y fiesta están directamente relacionados con los ritos que hace miles de años se daban en File.

El ejemplo más claro es la Romería del Rocío, en la que hay que atravesar un río para llegar hasta la ermita de la Virgen. La Blanca Paloma sostiene en sus manos un niño, que más bien parece un adolescente, y la talla original de la Virgen, clavada debajo de la que todos los años pasean un millón de peregrinos, no tiene una piel clara y radiante, sino que según varios testimonios, es una virgen negra. Exactamente igual a otras que hay por todo el Mediterráneo.

No soy ni mucho menos el primero en afirmar este paralelismo simbólico, ni el primero en escudriñar en antiguas religiones para ver de donde proceden nuestros ritos actuales.

El escritor francés Jaques Huynen, en su libro *El enigma de las vírgenes negras*, ya nos acercó hace varias décadas hasta este misterio.

Mi intención es, sencillamente, que puedan contemplar los templos con unos ojos diferentes, viendo no sólo su esplendor arquitectónico, sino su verdadero significado, de manera que su visita no sea un mero paseo a través de un montón de piedras envejecidas. Nadie sabe a ciencia cierta en que consistían exactamente, ni cómo se realizaban en File los cultos a Isis.

Pero si queda claro que su simbolismo y su espíritu han llegado hasta nuestro mundo moderno. Si hoy miles de peregrinos se mojan en un camino para llegar hasta la aldea de Almonte y allí pedir perdón a la Virgen, la gran madre que siempre nos acoge en su regazo, repiten sin saberlo la misma expresión de un sentimiento que ya surgió hace mucho tiempo en un remoto lugar al sur de Egipto. Así recuerden cuando lleguen hasta el templo de File, y tengan tiempo de dar un paseo a solas por sus bellas salas, que donde ahora están sus pies, antes muchos postraron sus rodillas. Que las piedras en Egipto pueden parecer inertes pero que sin embargo continúan estando muy vivas. Pues la intención con la que se tallaron las piedras sigue estando vigente. Seamos pues viajeros y no turistas, contemplando lo que nos rodea con los ojos del conocimiento. Es muy posible que de esta forma nuestra visita no se limite a las fotos típicas de cada viaje, la magia de aquel tiempo pasado sigue viva. En nuestras manos está llegar a sentirla.

Caminando entre cocodrilos

Siguiendo nuestro periplo desde el sur hacia el norte, y tras haber pasado por Abú Simbel y File, la siguiente parada que realizamos es la del templo de Kom Ombo. A nivel arquitectónico mucho menos espectacular que los dos anteriores, desde el punto de vista simbólico y mágico no se queda a la zaga. La ubicación del mismo, en una pequeña altiplanicie, nos da la opción de contemplar un precioso atardecer sobre el Nilo. Cita a la que no debemos faltar.

Lo primero que nos sorprende al llegar a la entrada es que descubrimos que estamos ante un templo dual. La puerta de la derecha está consagrada a la figura del dios con cabeza de cocodrilo Sobek, y la de la izquierda a Haroeris, una de las formas en la que se nos puede presentar el guerrero Horus.

Esta disposición única en todo Egipto ha provocado que sobre el simbolismo y la función de este templo hayan corrido ríos de tinta. Parece claro que la principal intención de los constructores del templo es que este fuera un lugar de sanación, extremo que queda refrendado por la cantidad de jeroglíficos relacionados con la medicina que podemos ver en sus diferentes salas. En estos dibujos podemos apreciar con todo lujo de detalles el sorprendente nivel tecnológico que alcanzó la medicina egipcia.

Desde bisturís hasta toda clase de objetos que se utilizaban en infinidad de intervenciones quirúrgicas aparecen dibujados en el templo. La función de muchos de estos aparatos está clara, mientras que la utilización que tuvieron otros se ha perdido tras el paso de los siglos. Pero en el antiguo Egipto la magia y la ciencia eran una misma cosa.

De nada servía la cura material si no iba acompañada de una sanación espiritual, de ahí que la función principal de

El templo de Kom Ombo, situado sobre un promontorio desde el que se contempla el Nilo y una zona importante de cultivos.

este templo fuese esta última. Por la puerta de la derecha, la que nos lleva directamente a una capilla consagrada al dios Sobek, se entraba para dejar atrás los males del alma. El cocodrilo llegó a ser consagrado en Egipto por su capacidad de esconder los cadáveres de sus víctimas para más tarde devorarlas.

Su relación con el más allá estaba avalada por su comportamiento. Pero no nos engañemos, Sobek, era un demonio y estaba hermanado con el terrible Set. ¿Qué hace pues esta figura adorada en un templo? Seguramente porque a Sobek se le atribuyó el poder de devorar los males que anidan en nuestro espíritu. Igual que otros demonios se comían nuestro alma en el juicio final si nuestro corazón pesaba más que la pluma de Maat.

La puerta de la izquierda, sin embargo, nos lleva hasta otro altar con un significado muy distinto. Si a la derecha está la oscuridad de Sobek, a la izquierda está la luz de Horus. Tras haber dejado que el cocodrilo devore los males, la fuerza del halcón se encargaba de reponer a los enfermos. Según algunos estudiosos de esoterismo, la piedra que hay en la sala del *Sancta Santorum* de este templo está cargada de una elevadísima energía. Sus estudios por supuesto carecen de base científica alguna, pero como tocarla un rato es gratis y no perdemos nada en el intento, les recomiendo que lo hagan, ya que la razón absoluta sobre todas las cosas no la tiene nadie más que Dios, si es que existe.

Como curiosidad les recomiendo que visiten el pozo que hay en la parte izquierda del templo, que estaba conectado con el Nilo. En él, los cocodrilos eran alimentados por los sacerdotes, ya que era fundamental la presencia de estos animales en el recinto. También para aquellos que sean supersticiosos, en un pasillo situado a la derecha podrán ver unas figuras de esclavos cuyo rostro está desgastado. Ello se debe a la creencia de que tocando las caras de estos dibujos el enfermo depositaba aquí sus males.

La ciudad de la luz

Si algún día los dioses regresaran a la tierra, seguro que el primer sitio que visitarían sería este. Ipet Sut, "el más perfecto de los lugares", así era denominado el templo de Karnak en la antigüedad. Un complejo arqueológico de ochenta hectáreas que contempló el esplendor de la ciudad de Tebas durante mil trescientos años. Está claro que el punto culminante de cualquier peregrinación

Karnak, un centro sagrado
que fue desarrollándose a lo largo del tiempo.

que se hiciera por el Nilo hace milenios era Karnak. Una ciudad santuario consagrada a infinidad de dioses y en especial al más importante de ellos: Amon Ra, la deidad de la luz, el mismísimo sol alado que reinaba por encima de todas las fuerzas de la naturaleza.

Karnak fue desde siempre un punto de referencia para los habitantes del país del Nilo. De esta forma es que los faraones rivalizaban por tener un lugar de honor en la ciudad santuario, y el resultado de esta disputa es que de una forma una forma más bien caótica se iban construyendo un templo tras otro hasta crear el impresionante complejo que podemos ver hoy. Los monarcas egipcios además no tenían problemas morales a la hora de inscribir sus cartuchos reales sobre los de sus antepasados. Hasta tal punto que en muchas ocasiones es bastante complicado afirmar quién fue el constructor de algunas de las edificaciones que hoy podemos ver. Esta rivalidad existió por dos motivos, el primero y más evidente es por supuesto la vanidad. Y el segundo no es otro que la necesidad vital de tener un lugar de honor junto a la casa de AmonRa, el dios que era capaz de otorgar una larga vida y prosperidad.

Sin que a día de hoy se conozca todavía el motivo, la orientación de la ciudad santuario va de norte a sur en vez de este a oeste como se hizo en el resto de templos egipcios. Relatar todas las curiosidades que hay en Karnak llevaría un libro más que un epígrafe como este, sin embargo, vayan algunas de ellas como ejemplo. La primera que merece la pena destacar es que según entramos a nuestra izquierda, podremos contemplar los restos de una rampa de ladrillos de adobe. Esto no es más que lo que queda del sistema de construcción de los gigantescos muros del templo.

Un resto arqueológico único que ha sido clave a la hora de comprender como pudieron erigirse en la antigüedad paredes de tan enorme altura. Pero si hablamos de dimensiones lo que más impresiona de Karnak es sin duda su sala hipóstila. Cuando los eruditos que acompañaron a Napoleón pudieron verla, comentaron ante la impresión, "que Nôtre-Dame cabía bajo aquellas columnas". Hoy dos siglos más tarde, les puedo asegurar que la sensación es exactamente igual de sobrecogedora. Las columnas centrales de esta sala tienen veintiún metros de altura. Construidas para sujetar un techo que por desgracia ya no existe, están repletas de grabados que describen extraños rituales. Es difícil describir con palabras lo que se siente bajo la sombra de tales colosos. Al contemplar su tamaño más los incomprensibles dibujos, el viajero experimenta la sensación de abrir una puerta al pasado. A ese tiempo donde el misterio podía vivirse sin tapujos.

Es quizás la impresión que causa pasear por la ciudad santuario de Karnak, lo que ha provocado que este lugar sea uno de los más promiscuos respecto a experiencias psíquicas de los visitantes. Pura sugestión, o realidad teñida de una fuerza incomprensible, la ciudad santuario tiene algunos lugares que merece la pena sean vistos con otros ojos.

El más conocido de ellos es la sala de la diosa Sekhmet en el templo de Ptah. Un servidor, que ha realizado varios viajes en grupo hasta este sitio, ha visto delante de la estatua de la diosa escenas de todo tipo. Y eso si, les aseguro por encima de cualquier superchería, que la experiencia merece la pena, ya que este santuario conserva intacto una fuerza escénica fuera de cualquier discusión. No en vano he conversado con arqueólogos egipcios de lo más ortodoxo, que me han confesado sentir en este lugar algo realmente especial.

Tal y como les comentaba hace poco, el acercarse a la diosa, guardar un minuto de silencio y después abrazarla, es algo gratuito. Ser partícipe de una experiencia que hace miles de años ya tuvieron faraones, creo que es una vivencia no rechazable. Lo que sientan o experimenten, queda por supuesto, en el terreno de lo personal.

Desde Abú Simbel, pasando por File, Kom Ombo, Edfu hasta Karnak. Una ruta mágica que ha sobrevivido no sólo a las conquistas, sino también al tiempo. Nunca en mis múltiples viajes he conocido un río, cuya fuerza se haga tangible en maravillosos templos. Si hace siglos el mismísimo Napoleón cambió su vida tras llegar a Egipto, por qué no podemos hacerlo hoy nosotros.

Quizás el viaje no sea más que una excusa. Pero si podemos ser un poco mejor por qué no intentarlo. De una forma u otra piensen que soñar es siempre gratis, y que la magia puede ser real a poco que nos esforcemos en verla. El poder de la imaginación, y la capacidad de volver a ser niños, son dos ejercicios que por desgracia se nos olvidan en los tiempos modernos. No hay mejor lugar para recuperarlos que en los templos de Egipto.

Bibliografía

ALFORD, ALLAN F. : *Los dioses del nuevo milenio.*
Martínez Roca, 1997.

ÁLVAREZ LÓPEZ, JOSÉ: *El desafío de la Gran Pirámide.*
Biblioteca de Espacio y Tiempo, 1991.

ARES, NACHO: *Egipto el oculto.* Corona Borealis, 2001.
Templos sagrados del antiguo Egipto. Edaf, 2001.

ARNÁIZ, ANTONIO y ALONSO, JORGE: *Egipcios, beréberes,
guanches y vascos.* Complutense, 2000.

BAUVAL, ROBERT: *La cámara secreta.* Oberon, 2001.
Símbolo y Señal. Planeta, 1993.

BAUVAL, ROBERT y GILBERT, ADRIAN: *El misterio de Orión.*
Emecé Editores, 1995.

BAUVAL, ROBERT y HANCOCK, GRAHAM: *El guardían del
Génesis.* Seix Barral, 1997.

BUCHANAN, GENE: *La tierra, legado de los dioses.*
Producciones editoriales, 1978.

CARTER, SPENCER: *Misterios de la antigüedad.*
Robinbook, 2002.

CERAM, C.W.: *Dioses, tumbas y sabios.*
Ediciones Destino, 1995

FERNÁNDEZ BUENO, LORENZO: *Crónicas del Misterio.*
Edaf, 2001.

FERNÁNDEZ BUENO, LORENZO y VALLEJO, JUAN JESÚS:
Operación Al-Andalus. Corona Borealis, 2000.

GÓMEZ BURÓN, JOAQUÍN: *Los enigmas pendientes.*
Biblioteca de Espacio y Tiempo, 1991.

GRUAIS, GUY y MOUNY, GUY: *El gran secreto de la
Esfinge de Gizah.* Tikal, 1995.

HEYERDAHL, THOR: *Aku-Aku.* Juventud, 1958.

JACQ, CHRISTIAN: E*l saber mágico en el Antiguo Egipto.*
Edaf, 1998. *El antiguo Egipto día a día.* Planeta, 2000.

LANDSBURG, ALLAN Y SALLY: *En busca de antiguos
misterios.* Plaza & Janés, 1975.

POCHAN, ANDRÉ: *El enigma de la Gran Pirámide.*
Plaza & Janés, 1976.

TEMPLE, ROBERT: *El sol de cristal.* Oberon, 2001.

VÁZQUEZ, MARIANO J.: *Akhenaton el hereje del sol.*
Ediciones 29, 1999.

WEST, JOHN ANTHONY: *La serpiente celeste.* Grijalbo,
2000.

WILWON, COLIN: *El mensaje oculto de la Esfinge.*
Martínez Roca, 1997.

Operación Rapa-nui. EME, 1996.

Juan Jesús Vallejo

es periodista nacido en Granada en 1970.
Hace una década colaboró de manera asidua
en varios programas de radio y televisión
de **Canal Sur** como el desaparecido magazine
Cuarto Creciente.
Fue reportero de la revista *Enigmas del Hombre
y del Universo* y colaborador de las publicaciones
Año Cero y *Karma 7*. Asesor y guionista de la
serie de televisión de **Canal Nou**, *La Otra
Realidad*, dirigida por Fernando Jiménez del Oso.
Más tarde fue director y presentador del canal
temático de televisión *Otra Frontera*.
Fue reportero de los servicios informativos de
Antena Tres realizando diversos trabajos
de investigación para los programas *Sin Limites* y
Alerta 112. Durante el año 2004 ha sido guionista
y asesor de la serie de la **2** de **TVE** *América Total*,
dirigida por Miguel de los Santos.
En 2005 continuó su periplo de reportajes
por el nuevo continente elaborando los guiones
de la serie de **TVE,** *América Mítica*.
En la actualidad reside en Madrid y es reportero
del programa *Cuarto Milenio* de la **Cuatro**.
Es autor de los libros *Operación Al-Andalus* (2000),
Los secretos del antiguo Egipto (Nowtilus 2002),
Una noche sin estrellas (2003) y *Breve historia del
Antiguo Egipto* (Nowtilus 2005).

Juan Jesús Vallejo

[illegible] periodista nacido en Granada en 1970. [illegible]

EN BUSCA DEL MISTERIO

Fernando Jiménez del Oso

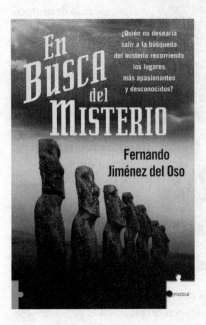

El último libro del mítico Dr. Jiménez del Oso nos descubre los enigmas más impactantes de una vida de aventuras en busca de lo desconocido.

En busca del misterio
NºPuzzle: 73
ISBN: 84-96525-72-4
Págs: 272
PVP: 7,95 €

Una oportunidad única de recorrer junto al Doctor Jiménez del Oso los caminos más apasionantes en busca del misterio. El Valle del Indo, la Isla de Pascua, el Mar Muerto, el Valle Sagrado de Tepoztlán…. Lugares remotos que el autor recorrió durante su vida para podernos narrar de primera mano, todos sus misterios.

El último libro que escribió Fernando Jiménez del Oso (fallecido en 2005) se ha convertido en las memorias de toda una vida plenamente dedicada a descubrir los enigmas más fascinantes allí donde se encontrarán.

Un relato que resume toda una vida dedicada a su pasión por los enigmas, con rigor antropológico e histórico, pero sin olvidar su dimensión más desconocida.

LA CARA OCULTA DE JESÚS

Mariano Fernández Urresti

Este libro desvela los aspectos más desconocidos de la vida de Jesús de Nazaret, claves para entender los fundamentos históricos de la novela *El Código Da Vinci*.

La cara oculta de jesús
NºPuzzle: 75
ISBN: 84-96525-74-0
Págs: 272
PVP: 7,95 €

Descubra al verdadero Jesús de Nazaret, el hombre ocultado por la historia y por su propia imagen de Mesías. Un personaje con muchos secretos, conocidos por muy pocos, y temidos por muchos.

Un viaje fascinante desde el Egipto antiguo, donde se hermanan las enseñanzas de Jesús con los mitos de la civilización del Nilo, pasando por la misteriosa secta de los Esenios, para llegar al monte Calvario donde murió, según la Biblia Jesús de Nazaret. Un lugar de final y de comienzo de una nueva investigación que recorre las teorías y las leyendas que muestran a un Jesús muy humano, casado, con descendencia, que no murió en la Cruz. Una aventura que conducirá al lector a sorprendentes datos como la leyenda que sitúa la tumba de Jesús en una aldea del Pirineo francés.

Un libro sorprendente y desestabilizador que cambiará su percepción de la historia y la religión cristiana.

PSYCOKILLERS. Asesinos sin alma

Juan Antonio Cebrián

Juan Antonio Cebrián, el gran divulgador de la historia de nuestro país, nos guía por la galería de la fama de los mayores asesinos psicópatas.

Psicokillers
N°Puzzle: 74
ISBN: 84-96525-73-2
Págs: 224
PVP: 7,95 €

Bienvenido al lado más oscuro de la condición humana. Con esta obra, el conocido periodista Juan Antonio Cebrián lleva al papel su célebre espacio radiofónico "Pasajes del Terror" y le invita a un descenso al museo de la fama del crimen.

Numerosas víctimas, brutales formas de matar, nombres que sólo oírlos provocan temor: "la dama negra", "el vampiro de Dusseldorf", "la bestia de Rostov"... Los casos más impactantes de asesinos en serie de toda la historia y todo el mundo. Desde el Salvaje Oeste hasta la Rusia del siglo XX.

"Psicokillers, asesinos sin alma" le ofrece quince perfiles de los asesinos más famosos de la historia, donde conocerá sus víctimas, su 'modus operandi' y cómo fueron atrapados por la justicia, los que lo fueron. Pero sobretodo le ofrece un apasionante descenso a los infiernos de la condición humana en busca de una respuesta: ¿Cómo personas aparentemente normales acaban convertidas en psicópatas asesinos?

Un libro de terror apasionante, con la diferencia de que esta vez lo que lee es totalmente real.

MENTIRAS OFICIALES

Lo que nunca le contaron sobre las conspiraciones que han cambiado el mundo

David Heylen Campos

El libro definitivo para conocer todas las teorías ciertas, creíbles o inverosímiles sobre los acontecimientos y conspiraciones más turbias de la historia reciente de la humanidad.

Mentiras oficiales
NºPuzzle: 94
ISBN: 84-96525-94-5
Págs: 256
PVP: 8,50 €
Novedad: Marzo 2006

¿Es todo cómo nos lo cuentan? La respuesta es clara, no. En *Mentiras Oficiales* descubrirá los cabos que siguen sueltos en los asesinatos de JFK o Luther King, los atentados del 11-M y el 11-S, la muerte de Stalin, el oro nazi, y tantos otros.

Un recorrido por la historia reciente de la humanidad a través de las teorías que nadie creyó, hasta la investigación de las circunstancias que no encajaban… Una entretenidísima historia no-oficial de los últimos cien años. Escándalos históricos, magnicidios o conspiraciones científicas relacionadas con la fluoración o con las supuestas fotos de Marte.

Un edición ampliada y actualizada del best-seller *Mentiras oficiales* con cuatro capítulos nuevos y exclusivos sobre Stalin, los experimentos secretos de los japoneses durante la II Guerra Mundial, el origen de la aspirina o las conspiraciones más absurdas de la historia.

En palabras de Fernando Jiménez del Oso: «Todo es un juego, sucio y miserable pero juego al fin. En este libro, veraz, descarnado y escrito sin contemplaciones, encontrará varios y contundentes ejemplos de cómo y por qué se nos manipula».

LAS CLAVES DEL CÓDIGO DA VINCI

La estirpe secreta de Jesús y otros misterios, ¿Cuál es la historia real?

Lorenzo Fernández Bueno y Mariano Fernández Urresti

Una obra clave para comprender todos los entresijos del misterio más famosos de todos los tiempos: la posible descendencia de Jesucristo con María Magdalena y el Santo Grial.

Las claves del código Da Vinci
NºPuzzle: 93
ISBN: 84-96525-93-7
Págs: 240
PVP: 7,95 €
Novedad: Febrero 2006

Pocos conocen la historia real en la que se basa *El Código Da Vinci*. Por ello, con *Las claves del Código Da Vinci* el lector se trasladará a distintos países, a lugares rescatados del pasado, en una investigación vertiginosa y real sobre la posible descendencia de Jesús de Nazaret.

Sociedades secretas, dinastías medievales de origen divino, el papel de María Magdalena, los Templarios o la documentación trascendental sobre los misterios de Rennes-le-Château y el abad Saunière son algunas de las claves ocultadas por la historia. Una guía imprescindible para los lectores de *El Código Da Vinci* y para disfrutar al máximo la película protagonizada por Tom Hanks, del mismo título.

Sus 12 ediciones avalan esta obra como la más rigurosa sobre los secretos del fenómeno literario más popular de los últimos tiempos.

«Los capítulos que le aguardan tratan de rastrear, tomando como pretexto la millonaria novela de Dan Brown *El Código Da Vinci*, en qué pueden tener razón quienes dan pábulo a las historias del Santo Grial hecho sangre, producto de la supuesta descendencia de Jesús y María Magdalena. ¿Están todos locos de atar o se atisba por alguna parte una base sólida en esas propuestas?».